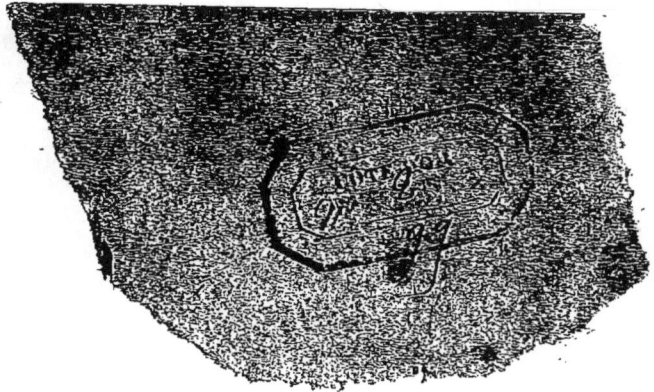

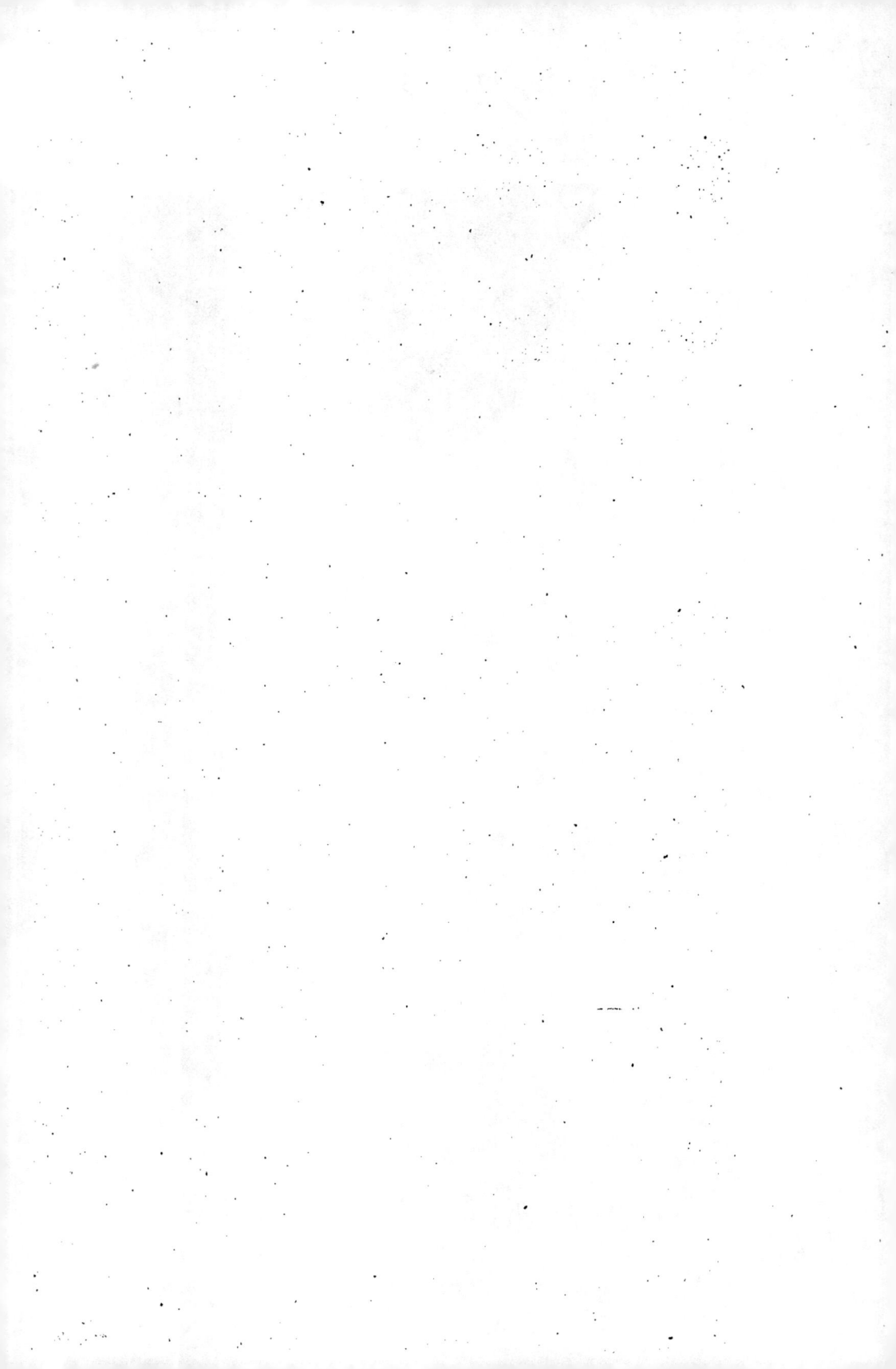

MONOGRAPHIE D'OUGES

MONOGRAPHIE

DU

Village d'Ouges

Près Dijon

PAR

HENRI MARC

Membre de la Commission des Antiquités de la Côte-d'Or
Correspondant de la Société Éduenne
Vice-président de l'Association amicale des Anciens Élèves de l'Ecole du Tivoli

DIJON
LIBRAIRIE LAMARCHE
PLACE SAINT-ÉTIENNE
—
MDCCCXCIX

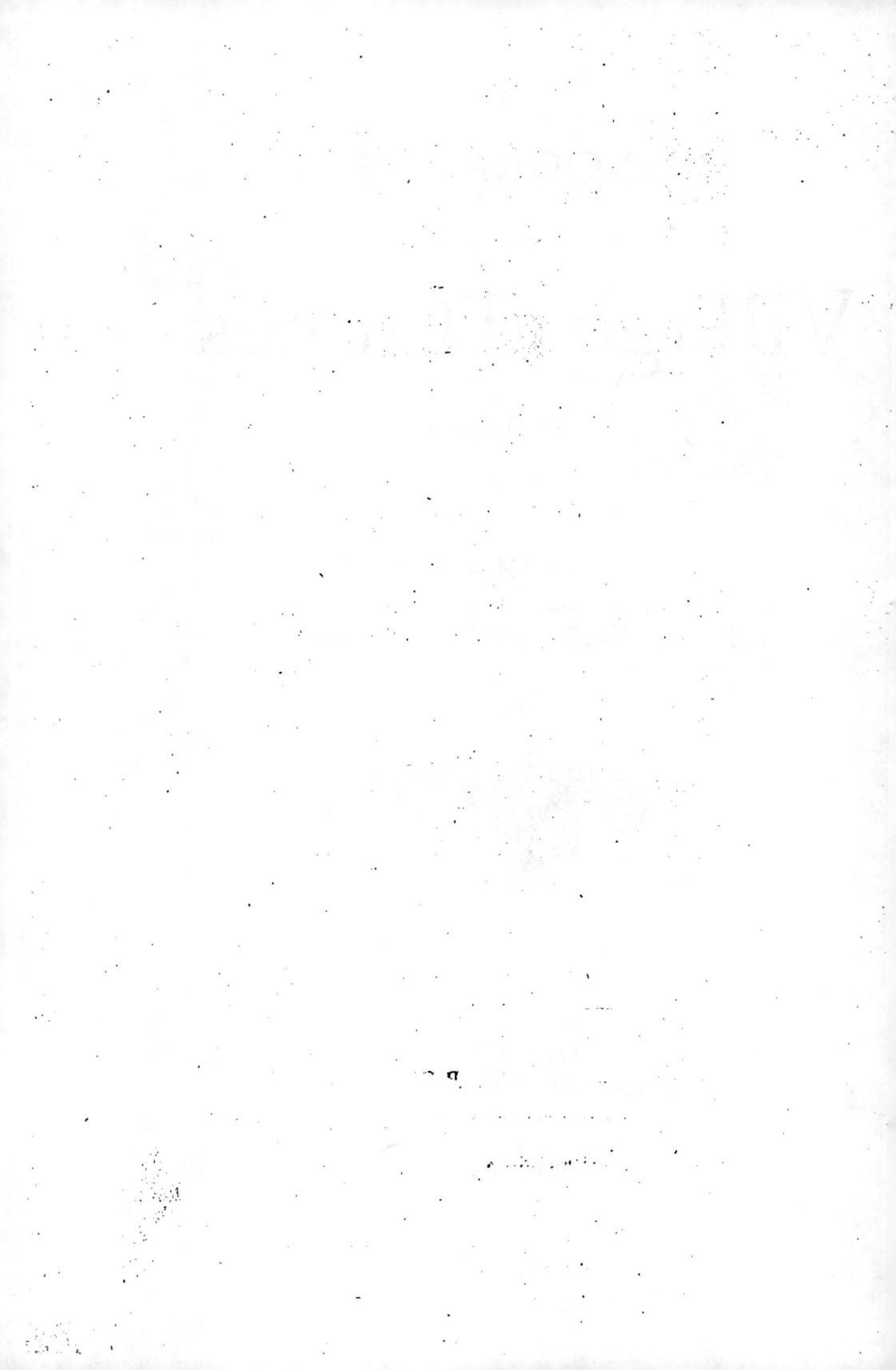

QUELQUES MOTS AU LECTEUR

AVANT D'ENTRER EN MATIÈRE

———

Lorsque nous avons entrepris, il y a déjà quelques années, d'écrire la Monographie du village d'Ouges, nous avions alors l'intention de pouvoir ajouter un chapitre aux Annales historiques de la célèbre abbaye de Citeaux (1).

Malheureusement nos loisirs ne nous ont pas permis de développer, comme nous l'aurions désiré, l'histoire de la Seigneurie d'Ouges. Car, hélas! nous avons été obligé de négliger bien des textes ; le temps nous a manqué pour voir nombre de documents qui, nous n'en doutons pas, auraient éclairé d'un jour

---

(1) *Cette Monographie a paru dans le* Bulletin d'histoire et d'archéologie religieuse du diocèse de Dijon, *15ᵉ année, nᵒˢ de Mars-Avril, Mai-Juin et Septembre-Octobre 1897 ; 16ᵉ année, Juillet-Août et Novembre-Décembre 1898.*

Pourtant le tirage à part que nous en avons fait comporte des modifications, adjonctions et corrections nombreuses ; nous y avons de plus ajouté la présente préface et un index des noms propres cités. On peut donc considérer ce travail comme une seconde édition.

tout nouveau certains paragraphes de l'histoire
civile et religieuse du pays. Nous avons même dû,
à notre grand regret, arrêter cette Monographie à la
Révolution.

Malgré cela, nous avons puisé largement dans les
cartulaires et autres registres poudreux de nos
riches archives départementales où nous avons
extrait quantité de notes intéressant notre sujet.
Tous nos auteurs bourguignons ont été aussi mis
par nous à contribution. Aux uns et aux autres
nous avons demandé : soit un nom, soit une date
et ils nous ont renseigné dans la mesure de leurs
moyens.

Quoi qu'il en soit, nous espérons que notre travail
— que nous avons conscience d'avoir écrit avec
impartialité — sera lu avec quelque intérêt et nous
ne regretterons pas notre peine si les familles
d'Ouges et tous ceux qui, à un titre quelconque s'intéressent au passé de notre pays, lui font un accueil
bienveillant.

MONOGRAPHIE DU VILLAGE D'OUGES

Première Partie

TOPOGRAPHIE. — HISTOIRE DEPUIS LES ORIGINES
JUSQU'AU MOMENT DE L'ACQUISITION PAR LES MOINES
DE CITEAUX.

CHAPITRE PREMIER

GÉOGRAPHIE PHYSIQUE ET GÉNÉRALITÉS

§ 1. — *Situation et description d'Ouges.*

Ouges (*Olgea*, au VIIe siècle, *Olgium* au Xe siècle) est
un village du département de la Côte-d'Or, sur le canal
de Bourgogne, à 7 kilomètres de Dijon. Il fait partie du
canton Ouest de cette ville. On y accède facilement, soit
par le canal qui le laisse à droite, soit par les routes de
Seurre ou de Saint-Jean-de-Losne qui n'en sont pas très
éloignées ; enfin le chemin de fer de Dijon à Saint-
Amour et Bourg traverse, comme chacun sait, le village
d'Ouges (1re station) qui est à 47° 16' de latitude nord,
2° 44' de longitude est et à 216 mètres d'altitude.

Le village est divisé en deux parties. La plus importante est dénommée le Grand Ouges et par opposition la
plus restreinte est appelée le Petit Ouges ; une très faible
distance les sépare l'un de l'autre. Au midi du Petit

Ouges se trouve l'église paroissiale, et, pour cette raison, on a appelé quelquefois cette partie du village *Ouges-l'Église*.

Les maisons qui bordent le chemin sont très propres et donnent au pays un aspect de petite ville. Il y a plusieurs habitations anciennes et l'une d'elles, qui montre sur la rue un *Ecce Homo* protégé d'un auvent, est du XVIIᵉ siècle. On y remarque aussi quelques colombiers. Celui de la maison Lanaud porte, outre la date de 1721 et le nom d'Etienne Fléaut cette inscription :

      FAISON. BIEN. ET. LAISON. DIR.

C'était sans doute la devise du propriétaire, le chirurgien Fléaut ou Lefléaut, dont nous aurons encore à entrenir le lecteur.

Les communes limitrophes d'Ouges sont Bretenières et Rouvres (canton de Genlis), Chevigny-Fénay (canton de Gevrey), Longvic et Neuilly (canton de Dijon-ouest).

§ 2. — *Superficie.* — *Cours d'eau.* — *Productions.*

Le territoire d'Ouges, d'une contenance de 1209 hectares, ne possède — à part le canal dont nous venons de parler — qu'un ruisseau. Les anciens documents le désignent sous le nom de *creux d'Ouges*; on trouve dans les papiers de Cîteaux de nombreux mémoires et pièces de procès relativement au droit de pêche dans les creux d'Ouges ». Il n'y avait que les religieux et leurs fermiers à qui il était loisible de pêcher.

L'entretien et curée de la fontaine et du canal par où elle s'écoule, qui a plus de cent pas de longueur, était une charge pour les habitants, lisons-nous dans un rapport officiel de 1666, cela « leur coûsteroit plus de 100 livres par an s'ils faisoient la curée à prix faict et ne la curoient eux-mesme, de même que l'entretien des fossez pour faire escouler leurs eaux qui croupissoient dans les terres, autrement elles les tiendroient stéri-

les (1). » L'eau de ce ruisseau passe à Saulon-la-Cha-
pelle et va se rendre à la Saône par le Chairon et la
Vouge. Au rapport de Courtépée, le maire de Dijon,
tenait en 1383, ses jours à la Fontaine d'Ouges.

Le pays en plaine produit du froment. Il y avait des
chenevières à Ouges en 1623. L'enquête de l'Intendant
Bouchu rapporte qu'au finage qui « a une bonne demye
lieue de traverse et une grande lieue de circonférence, il
y a environ 400 journaux de bois taillis ; il n'y a point
de vignes et il n'y croît point de seigle. On y compte
environ 40 soitures de pré dont l'une peut rendre un
chariot de foing. Le journal de bonne terre peut produire
120 gerbes par commune année ; le journal de terre médiocre 60 ou 70 gerbes, enfin le journal des moindres
48 à 50 gerbes. Les 5 gerbes font la mesure de Dijon ».
Le commerce de ce village « situé à une grande lieue de
Dijon en un pays plat et marécageux », ajoute le même
enquêteur, est de grains et de bestiaux.

La communauté d'Ouges n'avait pas assez de pâquiers
communs pour faire paître ses troupeaux ; mais elle
avait droit de parcours et pâturage sur les finages de
Neuilly, Longvic, Rouvres, Bretenières, Epoisses, Chevigny-Fénay et Domois. En revanche, les habitants de
ces diverses localités jouissaient du même droit dans
les bois seigneuriaux après la quarte feuille coupée, et
pouvaient aussi abreuver leur bétail dans la rivière
d'Ouges. La ville de Dijon avait également droit de pâturage sur le territoire ; nous avons un mandement du
bailli de Dijon, de 1493, qui, en vertu du droit appartenant aux habitants de cette ville de « faire vain paistre
et pasturer leur bestes, tant grosses que menues, partout le finage, territoire et banlieue dudit Dijon, et
ailleurs environ ledit baillage, en quelque territoire que
ce soit, tant es communaulx, charmes, pasquiers, bois
que autres lieux (2)... » les maintient en la possession et

1. Arch. de la Côte-d'Or, C. 2882.
2. Arch. de la ville de Dijon, K, 124.

jouissance du droit de vaine pâture sur Ouges, entre ce village et le chemin tirant de Longvy à Bretenières, nonobstant l'opposition de l'abbé de Cîteaux, seigneur de ce pays.

§ 3. — *Ecarts de la commune d'Ouges.*

Entre le Grand et le Petit Ouges se trouve la rente dite *de l'Abbaye* parce qu'elle a été bâtie sur les ruines d'un ancien monastère de Bernardines transférées à Baume-les-Dames (1). Nous aurons occasion d'en parler longuement à la troisième partie de cette étude.

Les fermes de *Préville* autrement dite de la Folie ou la Grange Fardel et du *Vernois* dépendent également du village d'Ouges. On trouve sur son territoire les écluses 60, 61, 62, 63.

A Préville il y avait une chapelle, dans laquelle l'écuyer Fardel fit une fondation qui intéresse trop l'histoire d'Ouges pour que nous puissions nous dispenser de la rapporter.

Louis Fardel, écuyer, fonde à perpétuité pour lui, « ses hoirs, successeurs et ayans cause, dans la chapelle de la maison de Préville, érigée sous le titre de l'Assomption de la Sainte Vierge, douze messes basses par chacun an, qui seront dites et célébrées dans ladite chapelle par Me Sage tant qu'il sera curé d'Ouges et après lui ses successeurs curés au même lieu, savoir, 4 dans chacun des mois de septembre, octobre et novembre, à commencer du jour de la bénédiction de ladite chapelle, pour continuer ainsi à perpétuité d'année à autre et de suite en suite sans cesser aux conditions cy-après :

« 1° Led. sieur Fardel ne pourra introduire dans lad. chapelle (si ce n'est ceux de sa maison) aucun paroissien dud. Ouge, les dimanches et fêtes, de peur qu'ils ne né-

---

1 Aujourd'hui chef-lieu d'arrondissement du département du Doubs.

gligent d'assister aux messes paroissiales où le sʳ curé
a coutume d'instruire ses oüailles de ce qu'elles sont
obligées de savoir, auquel effet il n'y aura point de
closche pour avertir le peuple n'y d'heure réglée pour
dire la messe.

« 2° Il ne sera point célébré de messes dans lad. chapelle les jours de fêtes de Noël, Epiphanie, Pàque,
Pentecôte, Toussaint et saint Pierre, patron de la paroisse, afin que ceux qui habitent la basse cour dudit
sieur Fardel puissent se rendre ces jours solennels aux
services de l'église de paroisse.

« 3° Il ne sera pareillement point célébré de grandes
messes dans ladite chapelle si ce n'est par ledit sieur
curé d'Ouge ou de son consentement.

« 4° Ledit sieur Fardel, ses héritiers ou autres ayant
de lui droit de ladite chapelle, auront soin d'envoyer
leur fermier, jardiniers et autres qui seront à leur service au moins de trois dimanches l'un, à leur messe de
paroisse, tant pour rendre ce que l'on doit à sa propre
église, que pour entendre le prône, la publication des
fêtes, des jeûnes, des monitoires et autres choses qu'ils
sont obligés de savoir et qui y sont enseignées.

« 5° Ledit sieur Fardel, ses héritiers ou autres ayant
de lui droit de ladite chapelle, seront obligés de fournir
pour la célébration desd. douze messes fondées, le calice,
les burettes, les ornements, les cierges, le missel et tout
ce qui est nécessaire au saint sacrifice de la messe.

« 6° Les frais du présent acte, les droits d'amortissement et tous autres droits généralement quelconques
demeurent à la charge dudit sieur Fardel, en sorte que
les sieurs curés d'Ouge ne puissent jamais être inquiétés pour raison de ladite fondation, laquelle sera inscrite sur le livre ou catalogue des fondations de l'église
paroissiale d'Ouge, pour en instruire la postérité et en
conserver la mémoire. »

Pour la rétribution de cette fondation, faite sous
l'agrément de Mᵍʳ l'évêque de Chalon, ledit sieur Far-

del donne et délaisse volontairement à perpétuité à
M⁰ Sage, et après lui ses successeurs, six quartiers en
une pièce, lieu dit en Brunois, finage d'Ouges, francs et
exempts de toutes charges et hypothèques. Le curé n'en
devait jouir qu'en 1748.

Cette fondation est faite par acte reçu Beguillet, notaire à Dijon, le 5 août 1739 (1). Le 17 du même mois,
la chapelle, sur le point d'être livrée au culte, reçut la
visite de l'évêque de Chalon, et le 23 septembre eut lieu
la bénédiction.

En 1771, le domaine de Préville fut vendu par Louis
Fardel à l'avocat Morin.

Il y a, écrivait Bouchu, en 1666, une métairie sépa-
rée sur le finage et dans la paroisse d'Ouges, appelée la
Rente Jacquinot, parce qu'elle appartient au sieur Jacquinot, maître des comptes ; elle consiste en 190 journaux de terres labourables de peu de rapport, amodiés
par commune année 12 émines, ou environ, quart froment, conceau, orge et avoine (2).

Jehan Jacquinot, bourgeois, marié à Denise Vallot,
qui habita la rente d'Ouges, à laquelle il donna son nom,
fut vicomte-mayeur de Dijon de 1599 à 1602 ; élu une
première fois le 27 octobre 1599, il fut réélu maire le 21
juin 1600 et le 21 juin 1601. Sur un jeton qu'il fit frapper en 1600, on voit d'un côté les armes de Dijon avec
ces mots : JEHAN JACQUINOT, FILS, VICOMTE-MAYEUR, et au
revers, dans un joli cartouche, les armes de sa famille
(*d'azur au chevron d'or accompagné de deux roses de
même en chef et d'un croissant d'argent en pointe*), le tout
entouré de la devise : DIEU + SOIT + MA + GVIDE (3). Il
mourut sans doute dans sa propriété, car il fut inhumé
en l'église d'Ouges.

1. Arch. de la Côte-d'Or, G. 620 et Q², liasse 13.
2. Au commencement du xvii⁰ siècle, l'émine de Dijon se composait
de 16 mesures ou quarteranches, soit de blé, soit d'avoine.
3. *Mém. de la Comm. des Antiquités*, t. VIII, p. 71. — Dans son
Armorial de la Ch. des Comptes, M. J. d'Arbaumont donne à J. Jacquinot des armes : *D'argent, au chevron d'azur, accompagné en chef de
deux roses de gueules, soutenues de même et en pointe d'un croissant
aussi de gueules.*

La rente Jacquinot a disparu du territoire d'Ouges.

Courtépée dit que le fief *des Essarts* appartenait à la maison d'Epoisses. On sait que le mot Essarts signifie terres défrichées.

§ 4. — *Quelques lieuxdits du finage d'Ouges.*

Dans l'intérieur du village même nous rencontrons des rues qui portent des noms assez significatifs et qui s'expliquent d'eux-mêmes. Ainsi nous trouvons, par exemple, en 1444, la *rue Franche* près le four banal et la *rue du Four*; en 1772, la communauté possédait une place d'environ un quartier appelée vulgairement le *Cul-de-Four*, sur laquelle était anciennement construit le four banal (1). En 1529 il y avait, *rue de la Fontaine*, le meix Jean Le Roy (2). Un peu plus tard une rue du pays porte le nom de *rue du Paulet* (Potey), c'est-à-dire du *bourbier*, lieu autrefois vaseux, marécageux.

Voyons maintenant les principaux lieuxdits *extra-muros* :

Devant l'abbaye. Pièces situées en face de la propriété des religieuses Bernardines.

En la Grande-Baulme. Quelques auteurs prétendent que, dans le patois de l'Est, notamment en Bourgogne, Balme ou Baume signifie *grotte, caverne.* En Auvergne ce mot a le sens de cavité d'un rocher et de tombe ; le fait est que, dans les temps les plus reculés, on s'est servi de grottes comme sépultures de familles.

En la Grande et en la Petite-Champagne. Noms extrêmement répandus comme lieuxdits dans les communes de France. On trouve presque partout des climats ainsi appelés.

En Champlougeot ou *au Bas-de-l'Orme*, parce qu'un arbre de cette essence se trouvait planté dans ce

1. Arch. de la Côte-d'Or, C. 563.
2. Arch. de la Côte-d'Or, C. 482. — La rue de la Fontaine s'appelait aussi la *Petite rue* (pièce de 1642).

climat. Pour la même raison on dut donner le nom de *Noyer-Marchand* à un autre endroit du finage. Le lieudit *En Champlougeot* figure aujourd'hui au plan cadastral sous l'appellation de *Champ-Pageot*.

En la Corvée-au-Puis, proche la terre de l'église. C'est ainsi qu'est désigné un climat du village en 1268/69, et sans doute parce qu'il y avait un puits à un endroit quelconque de ce lieudit.

En la Croix-Rouge. Il y avait anciennement dans ce climat une croix champêtre en pierre rouge.

Le Gravier prend sa désignation de la nature même du sol.

Au Grand et au Petit-Livet. En 1581, il y avait une famille Lyvet à Ouges qui était encore représentée au pays en 1619.

MM. de Cîteaux avaient vendu, moyennant 3000 livres, le 29 septembre 1587, à Claude Lyvet, procureur au Parlement, des meix et héritages « sciz au finage d'Ouges ». Jean Lyvet, aussi procureur au Parlement, possédait le domaine en 1610. Cette propriété appartenait en 1684 aux PP. Jésuites de Dijon.

La Maison-Dieu est citée dans l'acte de vente faite à Cîteaux en 1225 par le vicomte de Dijon. Etait-ce un hospice, une léproserie ou maladrerie, située au bord de la route ? Nous serions plutôt tenté de croire à cette dernière hypothèse qu'aucune preuve n'autorise. Les chanoines de la collégiale de Saint-Jean, de Dijon, avaient des terres en ce climat.

Meix-aux-Moynes, proche la voye commune (pièce de 1390). On appelle d'ordinaire meix, en Bourgogne, une certaine portion d'héritage d'environ 18 ou 20 journaux de terre, avec une maison; grange et autres lieux suffisants pour une famille occupée à cultiver ce petit domaine ; ou ce qui revient au même, meix est une maison champêtre avec autant de terre qu'il en faut **pour occuper** un labourenr et sa famille ; on appelle néanmoins encore meix, en notre pays, une place où il y a eu des bâtiments dont il reste encore quelques débris, mais quand il est pris en ce sens on le comprend par les autres termes dont il est accompagné (1).

A Ouges, il y avait plusieurs meix. Celui d'*André Lorrain* était amodié, par bail du 26 mai 1444, à Jean Lallemand, d'Ouges. Le meix que tenait *Jean Leroy*, en 1529, avait été précédemment donné, à titre de bail à vie, à Poinsot le Verpillet, d'Ouges-la-Ville, par les religieux de Cîteaux. Ceux-ci lui délaissèrent, en 1444, des « héritages chargés de dixmes à Ouges et consistant en un meix maisonné d'une grangette, fonds, aisances et appartenances d'icelui, contenant environ un demi-quartier de terre lieudit à la *Rue de la Fontaine*, plus deux journaux de terre lieudit *Le Bronail*, aujourd'hui *le Breuil*; environ quatre journaux lieudit *la Grand-Fin* ; trois journaux et demy lieudit *en Champ-de-Salon* ; trois journaux environ lieudit *au Pasquerot*, le tout moyennant une quarteranche de froment pour un chacun journal, un cochon de lait, une poulle et deux corvées de deux journaux, etc., payable chacun an sçavoir, le cochon au mois de mars et le reste à la Nativité N.-D... » (2).

L'étymologie de meix est le bas-latin *mansus, mansum,* rendu en vieux français par *mas*, puis *meix*. De là les noms propres *Dumas* et *Dumeix*.

En la Mothe. Lamote (mote), nom dérivé de la langue romane qui signifie manoir bâti sur une éminence. Le 23 novembre 1612 il est fait cession, par Claude Benoît, de Longvic, en qualité de tuteur des enfants Quantin, Claude, Guillaume et Anne Benoît, à Claude Meillerot, d'Ouges, d'un meix sis au dit village, lieu dit *En la Mothe*, contenant environ un demi-journal, proche le ruisseau de la Fontaine dudit Ouges.

1. Dom Plancher, *Histoire de Bourg.*, t. I, p. 380.
2. Arch. de la Côte-d'Or, H. 482. — La quarteranche était une mesure équivalant à 26 litres 216.

Il existait d'autres mottes dans la seigneurie d'Ouges.
Au Pertuis-du-Champelu. On dit que le mot pertuis,
dérivé de la langue romane, signifie trou, ouverture. Le
Pertuis de Champelu est devenu à présent la *Mare de
Champ-Clus.*

§ 5. — *Statistique et impositions.*

Il y avait 41 feux à Ouges en 1375, dont 29 serfs et
12 misérables. En 1431 on comptait 4 feux solvables,
9 misérables et 19 pauvres et mendiants : soit 32 feux.
La population augmente en 1469, car elle s'élève à
51 feux.

Postérieurement aux recherches des feux des xvᵉ et
xviᵉ siècles, la communauté d'Ouges fut admise à figurer parmi les localités franches.

Ouges, qui a 38 feux en 1600, n'en compte plus que
8 et 20 maisons habitées en 1645. Vingt-quatre habitants seulement composent le village en 1656, après la
ruine, disent les documents contemporains, causée par
les armées et la désertion des communautés qui en est
résultée. En 1666 il y a 38 habitants y compris 5 femmes
veuves et 3 hommes qui sont sortis depuis la dernière
imposition faite ; il y a 3 rentiers ou manouvriers « assez
commodes », c'est-à-dire aisés. A cette époque la communauté était bien endettée, et pour parvenir à payer
leurs dettes, les habitants avaient établi une double dîme
de 22 gerbes une « la dîme ordinaire, dit Bouchu, pré-
levée pour le dit temps de huit années par arrêt du
conseil du 29 janvier 1664, duquel double dixme il y a
déjà 3 années de levées et perçues. »

Le rôle de 1760 comprend 1 fermier, 1 garde étalon,
10 laboureurs, 5 artisans, 24 journaliers, 3 nouveaux
habitants, 3 veuves, 5 mendiants (1). Au moment où
Courtépée rédigeait sa *Description de Bourgogne,* en

1. Arch. de la Côte-d'Or, C. 6046.

1774, le Grand Ouges était composé de 30 feux et on n'en comptait que 8 au Petit Ouges.

Ouges paie en 1581 la somme de 11 écus pour l'imposition du taillon.

L'impôt pour la capitation des taillables d'Ouges, pour l'année 1707, monte à la somme de 126 livres (1).

Si nous comptons 5 habitants par feu, — c'est la moyenne donnée par les auteurs qui se sont occupés de statistique ancienne, — on verra que la population d'Ouges aux XIVe et XVe siècles n'était pas importante. Depuis la fin du XVIIIe siècle et jusqu'à nos jours, elle a sensiblement augmenté, ainsi que le prouveront les quelques chiffres que voici, recueillis uniquement pour la comparaison. En 1839, il y a 430 habitants à Ouges. *Le Spectateur de Dijon*, du 5 janvier 1843, 14e année, publiait un tableau de la population de chacune des communes du département de la Côte-d'Or et du nombre des électeurs censitaires ; nous voyons Ouges y figurer avec une population de 464 habitants et 46 électeurs. En 1853, 521 habitants : cotes foncières, 224 ; en 1858, 478 ; en 1865, 461 ; en 1869, 443. C'est encore le chiffre de la population après la guerre de 1870-1871, mais elle a bien augmenté depuis, et l'un des derniers recensements accusait une population de 474 habitants.

Ces détails, qui pourront paraître futiles à certains lecteurs, intéresseront, nous le pensons, le plus grand nombre.

§ 6. — *L'instruction primaire à Ouges.*

Les habitants d'Ouges s'appliquèrent de bonne heure à donner à leurs enfants des maîtres chargés de les instruire dans l'art de lire et d'écrire. Cependant il faut bien reconnaître que la communauté n'a pas toujours été heureuse dans le choix de ses recteurs d'école, et elle en eut un notamment d'une incapacité notoire ; soit

1. Arch. de la Côte-d'Or, C. 5694.

de ce fait ou autrement, il en résulta que le degré d'instruction n'était pas très développé à Ouges. Même dans la seconde moitié du XVIIIᵉ siècle, on y rencontre nombre de gens qui ne savent pas signer leur nom.

Citons à l'appui de notre dire la partie d'un acte officiel qui se rapporte, par quelque côté, à notre sujet (1) :

« Ce jourd'hui dimanche quatorze février mil sept cent septante neuf les habitans d'Ouges, assemblées au son de la cloche au lieu et à la manière ordinaire à la diligence d'Antoine Beaupoil leur échevin en exercice l'année précédente, lequel a invité les habitans pour leur rendre compte tant de la recette qu'il a reçu pendant l'année 1778 que des dépenses qu'il a fait aussy lad. année à laquelle assemblée ont comparu :

« Jean Goillot, François Quillardet, Nicolas Dubois, Denis Grenot, Richard Renault, Antoine Droin, Etienne, Claude et Jean Amiot, Léonard Michaut, Edme Garnier, Jean Poichot, Pierre Coutant, Antoine Pain, Philibert Renaudot, Jean Perrot, Julien Ducret, Pierre et Bernard Chevassus, Jacques Dubruere, Jean et François Millier, Laurent Paillot, Louis et François Pain, Bénigne Bize, Nicolas Gillot et Pierre Cornemillot, composant la plus grande partie des habitants du dit Ouges, etc...

« Et se sont soussignés une partie, quant aux autres ayant déclaré ne le sçavoir de ce enquis.

« Signé : Poichot, Renault, Garnier, Du Bois (Dubois), Michot, Coutant, Pain, Cornemillot, Goillot. »

Ainsi donc, sur 28 habitants présents, 10 seulement savent signer leur nom !

En 1666 il y avait déjà à Ouges un maître d'école auquel la paroisse fournissait alors un logement ; il était exempt de toute charge.

Vers 1780 le recteur d'école amodiait pour faire sa classe une petite maison moyennant 50 livres par an

1. Arch. de la Côte-d'Or, C. 564.

payables le 29 janvier (1). Jean Brulez, que les habitants choisirent pour leur servir en qualité de recteur d'école pour trois ans à partir du 26 septembre 1784, recevait annuellement comme gages 150 livres, indépendamment des mois des écoliers et des assistances à l'église, d'une somme de 24 livres pour porter l'eau bénite et de l'exemption de taille royale et de toutes charges de communauté.

C'était jadis une coutume générale, en Bourgogne, de faire porter l'eau bénite, le dimanche matin avant la messe, dans toutes les maisons ; le plus souvent le recteur d'école était chargé de ce soin ; en cas d'empêchement de ce dernier l'un de ses élèves pouvait le remplacer. A Chenôve cet usage subsiste toujours (2).

Il y avait un peu plus d'un an que Brulez exerçait à Ouges lorsque l'on s'aperçut que les enfants ne faisaient aucun progrès. La communauté ne voulut pas lui payer ses gages ; il protesta et un procès fut engagé. On fit intervenir dans l'affaire le pasteur d'Ouges qui se chargea même d'écrire, en ces termes, au greffier de la subdélégation de l'intendance :

Ouges, le 8 juin 1785.

    « Monsieur,

« Le vœu de la ..communauté et le mien est que le nommé Jean Brulez quitte la place de maître d'école de ladite communauté, puisqu'il est incapable de remplir cette place pour cause d'ignorance.

« Le dit Brulez ne demande l'homologation de sa convention que parce que les habitans dudit lieu n'étant point contens de son service, ils le renvoyent, fondés sur une clause réciproque, à laquelle ledit Brulez s'est soumis, qui est : qu'en cas que les habitans ne se trouvent pas contens dudit recteur d'école, il leur sera loisi-

---

1. En 1828 l'instituteur d'Ouges faisait la classe dans la maison curiale ; il payait à la fabrique la somme de 55 fr. par semestre (Arch. de la fabrique d'Ouges).

2. V. *Histoire de Chenôve,* par Henri Marc, p. 217-218.

ble de le renvoyer en l'avertissant trois mois avant son départ sans autre formalité.

« Voilà, Monsieur, le sujet qui fait demander à Brulez l'homologation par devant Mgr l'intendant de la convention faite entre les habitans d'Ouges et Jean Brulez. Quant au payement de ses gages, il se fait des deniers provenant des revenus de la communauté, lesquels gages sont toujours payés d'avance.

« J'ai l'honneur d'être, etc.

« DECOMBE PRE,

« *Curé d'Ouges.* »

A cette lettre M. de Saisy, subdélégué de l'intendant, repondit : « J'estime qu'il y a lieu de débouter le recteur suppliant de sa demande en homologation... et autorise la communauté de traiter avec une autre personne au gré du sieur curé d'Ouges... » (1).

Nous sommes loin ici de l'époque plus rapprochée de nous où, par arrêté ministériel du 22 septembre 1854, une médaille d'argent était remise à Jean-Baptiste Petit, instituteur d'Ouges, pour la bonne instruction donnée aux enfants.

Mais revenons à nos anciens recteurs. Nicolas Gillot remplaça Jean Brulez ; il fit marché avec les habitants le 29 janvier 1786 pour trois ans « qui ont commencé le 1er décembre 1785, aux gages de 200 livres payables en deux quartiers, plus 24 livres pour le port de l'eau bénite ». Messire Bénigne Décombe, curé d'Ouges, lui délaisse, en 1788, la jouissance d'une maison, léguée à la fabrique par son prédécesseur P. Jacquemin, moyennant la somme annuelle de 50 livres, et à la condition qu'il lui « laisse chauffer le four de la dite

1. **Archives de la Côte-d'Or, C. 563.**

maison toute et tant de fois que bon lui semblera et qu'il lui héberge ses tonneaux vides en telle quantité qu'ils soient » (1). Cette convention passée entre le curé et le recteur, le 18 décembre 1788, ne reçut exécution que le 29 janvier de l'année suivante.

Les registres paroissiaux de la communauté d'Ouges nous ont permis de dresser la liste des recteurs dont les noms suivent :

François Poinsotte.	1697
Nicolas Le Comte	1719
Pierre Leclerc	1729
Louët	1732
Jean Fournier (mort à Ouges, le 7 avril 1737).	1735
Verreau	1737
Monnier	1740
Larcher.	1743
Noël Mousseron.	1745
Jean Tanière.	1756
Noël Mousseron.	1758
Antoine Seguin.	1767
Etienne Gay.	1770
Paul Bernard.	1774
Malnoury.	1777
Pierre Ponce.	1778
Jean Desserrey.	1781
Jean Brulez.	1784
Nicolas Gillot.	1785

---

1. V. aux pièces justificatives le testament du cüré Jacquemin.

CHAPITRE II

ORIGINE DU VILLAGE ET DE LA SEIGNEURIE D'OUGES.

§ 1.— *Des différentes formes du nom d'Ouges.*

On trouve le nom d'Ouges écrit indifféremment dans nos anciens titres *Olgia, Ulgiæ, Olgea, Olgium.* L'historien Pérard signale la forme *Olgea,* en l'an 653 ; les chartes bourguignonnes donnent en 952 *Olgium.* Une pièce de 1304, dit : « *Apud Ougias prope Divionem.* Au xvie siècle, dans les protocoles de notaires on trouve encore *Ougiis :* Durand Baubary de *Ougiis le Mostier* (acte de 1323). Le mostier ou moustier, qui est un nom dérivé de la langue romaine, signifie l'église, et on doit entendre par *Ougiis le mostier,* Ouges-l'Eglise, c'est-à-dire, la partie du village que nous appelons aujourd'hui le Petit Ouges. Dans un acte de 1444 nous voyons *Ouges la Ville,* sans doute pour désigner le Grand Ouges.

Dans l'ancienne division territoriale de la Bourgogne, Ouges, *Olgea,* fait partie du *Pagus attoariorum.* — Un peu plus tard, en 952, le Cartulaire de Saint-Etienne de Dijon place *Olgium* dans le *Pagus oscarensis* (1).

Courtépée nous apprend que l'ancienneté du pagus oscarensis ne remonte pas au-delà du IXe siècle, et qu'il paraît avoir été formé en partie du pagus divionensis auquel il fut réuni dans la suite. La Chronique de Saint-Bénigne renferme Ouges (*Ulgiæ et Ulgia*) dans ce dernier canton (2).

---

1. V. les *Chartes bourg. inédites* des ixe, xe et xie siècles, par M. Joseph Garnier.
2. Courtépée, t. I, p. 249 ; — *Chr. de Saint-Bénigne (Analecta Divionensia),* p. 180.

Les deux Ouges étaient autrefois au nombre des quarante villages des alentours de Dijon qui faisaient partie de la banlieue et dont les habitants avaient droit de se réfugier dans la ville avec leurs biens dans le temps d'éminent péril (1). Cependant comme Ouges dépendait de la châtellenie de Rouvres, il était compté parmi les villages retrayants au châtel de ce lieu ; à ce titre les habitants pouvaient aussi s'y retirer pendant les guerres, mais en revanche ils étaient obligés de concourir à la fortification du château.

§. 2. — *Etymologie d'Ouges.*

Le village d'Ouges semble emprunter son nom au ruisseau d'*Ouge* qui passe sur son territoire. De même que la Vouge a donné son nom à Vougeot, l'*Ouge* a donné le sien à Ouges (2). Il n'y a que deux communes en France qui portent le nom d'Ouges : celle dont nous nous occupons ici et une autre dans le département de la Haute-Saône.

Comme on en rencontre des exemples dans presque tous nos villages français le nom d'Ouges a été porté par des familles. Nous en avons même qui tirent certainement leur origine de notre petit village et que les chartes désignent assez clairement. Au chapitre concernant les familles d'Ouges, nous nous proposons d'en parler assez longuement pour avoir à nous dispenser de le faire à cette place.

---

1. V. J. Garnier, *Notes sur quelques débris de comptes*, 1444-1602. (Mém. de l'Académie de Dijon, t. V, 4ᵉ série).

2. L'abbé Garnier, *Essai d'Etymologie des noms de pays dus à l'eau*, 1895, p. 4.

§ 3. — *La terre d'Ouges propriété de saint Léger.*

Saint Léger, qui devint évêque d'Autun, naquit vers
l'an 616. Il tenait la terre d'Ouges, comme celle de Chenôve, de Sigrade, sa mère, et de Bodillon. Il en fit don
par testament à l'église d'Autun, en 653 (1). L'authenti-
cité du testament de saint Léger a été vivement discutée :
soutenue par Mabillon, elle a fini par être généralement
admise ; cependant quelques difficultés subsistent encore
sur le sens de ce document (2).

Quoi qu'il en soit, il est acquis que le saint évêque
d'Autun tenait, par sa mère, la terre d'Ouges qu'il donna
à son église cathédrale. Il y a tout lieu de croire qu'à
cette époque ce domaine avait une certaine importance
et qu'il existait depuis longtemps déjà. Mais il est matériellement impossible de fixer l'époque de sa fondation ;
il en est ainsi, du reste, de toutes nos bourgades ou
villages. On conjecture quelquefois, d'après des découvertes archéologiques, que telle contrée a été habitée
dans les temps préhistoriques ou que les Romains et les
Celtes y ont séjourné. Ici ce n'est pas le cas ! Ouges n'a
jamais été, que nous sachions, l'objet de fouilles et son
sol ne nous a pas, jusqu'à présent, apporté la preuve
qu'une colonie romaine ait quelque temps occupé son
territoire. Le titre de *ville d'Ouges*, employé quelquefois
dans les documents du xiiie siècle, n'est pas suffisant
pour affirmer que le village est issu d'une villa romaine,
car on donnait alors très fréquemment, à cette époque,
le nom de ville à des villages de peu d'importance.

Par ce qui précède on voit combien sont peu nombreux les matériaux de l'histoire celtique à Ouges. Mais

1. V. *Histoire de Chenôve*, p. 139-288.
2. *Notice sur les anciens hôpitaux d'Autun*, par A. de Charmasse,
dans *les Annales de la Soc. Éduenne*, 1860 à 1862, p. 190.

on ne doit pas trop s'en étonner si l'on pense que les villes ne possèdent, dans leurs annales, qu'un nombre de faits excessivement restreint et qu'il s'agit ici d'un petit village.

§ 4. — *Ouges avant la fondation de Cîteaux.*

Le village dont nous allons suivre le développement est une mince portion de la province de Bourgogne. Il fait alors partie du bailliage et subdélégation de Dijon, grenier à sel et recette de la même ville. Contrairement à l'usage en vigueur dans certaines communautés de la banlieue, Ouges ne payait pas de péage à la ville de Dijon.

En 1015 le droit de garde (*Salvamentum*) de la ville d'Ouges appartient à l'abbaye de Saint-Bénigne ; ce privilège lui avait été accordé par le roi Robert (1).

Avant la fondation de Cîteaux et l'acquisition par cette abbaye de la terre d'Ouges, en 1226, plusieurs seigneurs ont dû se succéder dans l'administration du village, bien que l'histoire ne fasse mention d'aucun propriétaire important avant 1098. C'est seulement après cette date que nous voyons apparaître un certain nombre de possesseurs de fiefs. Cela ne veut pas dire qu'ils habitaient la terre d'Ouges ; la plupart d'entre eux y avaient des intérets, mais n'y résidaient pas. Au commencement du xiiie siècle, Guillaume de Champlitte, vicomte de Dijon, avait la plus belle partie de la terre d'Ouges en sa possession.

Hugues de la Corvée était aussi détenteur d'une portion du domaine de saint Léger. Il fit des donations à Cîteaux en 1218.

1. *Chron. de Saint Bénigne*, 180.

§ 5. — *Fondation de Cîteaux.*

Saint Robert ayant fondé l'abbaye de Molême, au diocèse de Langres, en 1073, et aspirant à une perfection
plus grande que celle dans laquelle vivaient les religieux de ce monastère, les quitta, en 1098, avec quelques moines (1). Cette petite troupe se rendit dans une
forêt de l'évêché de Chalon-sur-Saône « qui n'étoit rien
qu'une vaste solitude, habitée seulement par les bestes
sauvages ; l'aspect seul donnoit de l'horreur, et on n'y
voyoit par tout que buissons, qu'halliers, que ronces et
qu'épines... » (2). Ils commencèrent à défricher ce désert et à en arracher les buissons et les arbres ; puis ils
se bâtirent une maison « qui avoit plus l'air d'un amas
de cabannes que d'un monastère ; et comme ils n'eurent
rien autre chose que les arbres de la forest qu'ils avoient
abattus, tout leur édifice ne fut qu'un édifice de bois.
Or le lieu où ils le bastirent étoit fort humide et tout à
fait marécageux » (3).

Le fief sur lequel saint Robert venait de jeter les premiers fondements de l'abbaye de Cîteaux appartenait à
l'épouse de Rainald, vicomte de Beaune, qui, du consentement de ses enfants, s'empressa de faire abandon
à l'abbé de Molême et à ses compagnons de « tout autant de terre qu'il leur en falloit pour bâtir un monastère et pour le cultiver » (4). Eudes Ier, duc de Bourgogne,
acquit, par voie d'échange, le surplus des fonds que

---

1. Les historiens ne sont pas d'accord sur le nombre des moines qui
suivirent saint Robert à Cîteaux, les uns, comme Dom Pierre Le Nain,
disent 20, les autres, comme Dom Cotherel, 21.

2 et 3. *Essai de l'Histoire de l'Ordre de Cîteaux*, par Dom Pierre
Le Nain, t. I, p. 21-22.

4. *Dissertation sur l'origine de la Maison et Ordre de Cîteaux*, par
Dom Cotherel, docteur en Sorbonne, bibliothécaire de la maison de
Cîteaux, dans un recueil ms. de la Bibliothèque de Dijon, fonds Bau-
dot, n° 1, pp. 88 et suiv

Rainald s'était réservé, et en fit présent à l'abbé Robert et aux habitants de ce désert.

Les religieux avaient commencé, dès le 21 avril 1098, jour de la fête de saint Benoît, laquelle tombait, cette année-là, le dimanche des Rameaux, à faire l'office dans le nouveau monastère qui, du lieu où il fut bâti, prit le nom de Cîteaux, *Cistercium* (sis entre les eaux); il y avait alors environ vingt ou vingt-deux moines qui vivaient selon la règle de saint Benoît prise dans toute sa rigueur (1).

Le duc de Bourgogne fit des donations si considérables à Cîteaux qu'on lui a donné le titre de fondateur de cette célèbre abbaye. C'est lui qui fournit aux frais nécessaires pour la construction de la première église, consacrée, en 1099, par Gauthier, évêque de Chalon, sous l'invocation de Notre-Dame, comme toutes les églises de Cîteaux l'ont été depuis. Le duc assista à cette dédicace avec son fils Hugues, ainsi que Rainald, vicomte de Beaune, sa femme Hodierne et plusieurs autres seigneurs de la cour ducale. Saint Robert ayant été élu abbé du nouveau couvent par tous ses frères, reçut le bâton pastoral des mains de l'évêque de Chalon.

C'est en 1112 ou 1113 que saint Bernard vint se retirer à Cîteaux avec ses compagnons.

§ 6. — *Donations des seigneurs d'Ouges. à Cîteaux.*

Avant son voyage en Terre-Sainte, Guillaume I de Champlitte, vicomte de Dijon, prince d'Achaïe et de Morée, beau-frère de l'empereur de Constantinople, se trouvant à Cîteaux en 1202, donne une rente en grains

1. Dom Plancher, *Histoire de Bourgogne*, t. I, p. 276.

sur la dîme d'Ouges ; ce qui fut ratifié par son frère Eudes de Champlitte et par le duc de Bourgogne Eudes III (1). Il est fait mention de cette cession au Cartulaire de Cîteaux où il est dit que c'étaient 20 setiers de froment qu'il avait donnés (2).

Quelques années plus tard, Hugues d'Arceaux prétendait, on ne sait pour quel motif, posséder le quart de la terre d'Ouges. En réalité il n'avait, on peut le dire, aucun droit sur cette partie du domaine de saint Léger, car, avant d'entreprendre un voyage à Jérusalem, pour le salut de son âme, il déclara, en présence de nombreux témoins, clercs et laïcs, qu'il renonçait aux revendications injustes sur le quart de la terre d'Ouges (3). Sa déclaration est attestée par Guillaume de Joinville, évêque de Langres en 1217 (janvier 1216).

Hugues de la Corvée, que le lecteur connaît déjà, fit en 1218 des donations aux religieux de Cîteaux sur la dîme d'Ouges. Ces différents dons furent confirmés en 1225 (le 3 mars 1224, l'année 1225 commençant à Pâques le 30 mars) par Guillaume de Champlitte, vicomte de Dijon, et son frère Eudes de la Marche (4).

§ 7. — *Forêt de l'abbaye de Cîteaux à Ouges.*

Nous terminerons par ce paragraphe la première partie de cette monographie, bien que les faits rapportés soient pour la plupart postérieurs à l'acquisition d'Ouges par les Cisterciens.

La terre et les bois du domaine de saint Léger étaient

1. E. Petit, *Histoire des Ducs de Bourgogne*, t. II, p. 469.

2. Archives de la Côte-d'Or, H. 478. — Le septier ou setier, qui faisait 8 boisseaux, était une ancienne mesure pour les grains contenant 156 litres. — A la fin du xve siècle, un setier de blé valait à Dijon 18 sols.

3. E. Petit, *op. cit.*, t. III, p. 465. — Pérard, p. 305.

4. E. Petit, *op. cit.*, t. IV, p. 219.

entrés dans l'abbaye de Cîteaux au commencement du
XIIIe siècle. En 1225, au mois de mars, Eudes de la
Marche vend à l'abbé et au couvent de Cîteaux sa terre
d'Ouges, avec ses hommes, terres cultivées et incultes,
prés, pâture, eaux et bois. Deux ans plus tard, Eudes
de Domois, écuyer, renonce à l'usage qu'il disait avoir
dans la forêt d'Ouges et ses dépendances.

Ainsi l'abbaye ne possède cette terre que depuis
très peu de temps et déjà commencent une série de difficultés.

Une discorde s'étant élevée en 1225 entre la communauté voisine de Fénay d'une part, et l'abbé de Cîteaux
et la communauté d'Ouges d'autre part, au sujet du
bois *du Vernois*, on procède à une délimitation et à un
bornage de ce bois. En 1226, une sentence de Jacques
de Pommart, bailli de Dijon, pour noble prince Hugues, duc de Bourgogne, défend au seigneur de Domois
et à son fils de «'trancher et s'entremettre dans le bois de
Cîteaux, dit *du Vernois* d'Ouges, ainsi qu'il se comporte dès dessous Ouges, dès le Vernois de Fenay jus-
ques au poirier et à l'orme qui sont au coin des prés sur
le chemin qui mène de Dijon à Seurre ». Ce bois, dit
la sentence, « est à ceux de Cîteaux, car ils l'avaient par
raison d'achat tenu trente ans et plus en paix » (1).

Un bref du pape Innocent IV, du 9 janvier 1249/50,
charge le doyen de la Sainte-Chapelle de Dijon et l'official de Langres d'examiner diligemment quelques
témoins au fait du procès entre les chanoines d'Autun
et les religieux de Cîteaux, au sujet de la forêt
d'Ouges.

La paroisse d'Ouges était sous le patronage du chapitre de la cathédrale d'Autun, qui prétendait avoir droit
de seigneurie sur les bois de Cîteaux assis au finage.
En 1279, frère Hugues de Saint-Bénigne, frère de

---

1. E. Picard, *les Forêts de l'abbaye de Citeaux*. Dans les *Mémoires
de la Société Éduenne*, t. XI, 1882, p. 202-203.

Gérard de Saint-Etienne, et Jehan de Morencens, clerc du roi, pris comme arbitre dans un différend soulevé par le chapitre d'Autun, décident que celui-ci prendra chaque année dans la forêt d'Ouges 2,500 javelles de paisseaux (la javelle étant de 50 paisseaux), que Cîteaux fera fendre, lier et amener à Ouges avant la Purification, moyennant 25 sous que paieront le doyen et le chapitre d'Autun. Cîteaux devra encore 25 voitures de bois à brûler sans feuille ni ramille qu'on appelle vulgairement brindille, il le fera couper et réunir en une seule place pour le chargement, et le chapitre donnera pour ce dix sous. Sous ces conditions le bois d'Ouges sera en toute seigneurie, justice, propriété et possession de l'abbaye de Cîteaux (1).

Geoffroy de Blaisey confesse en mai 1331 que, quoique ses domestiques aient coupé du bois dans la forêt d'Ouges, il ne prétend pas pour cela y avoir aucun droit, et reconnaît les moines de Cîteaux comme les vrais propriétaires.

Girard de Domois, écuyer, avait fait couper, en 1333, sur le finage de Domois, au-dessus de la fontaine de l'Argilière, une lisière de la forêt d'Ouges ayant quarante pieds de largeur le long des terres de Domois, et il avait par force et armes battu le forestier et le procureur de Cîteaux. L'abbaye évoqua cette affaire devant le bailli de Dijon, prouva la possession et se fit adjuger cette lisière. Le 18 novembre 1346, Girard et Aymonin de Domois, écuyers, promettent de comparaître pardevant le juge de Cîteaux, à Ouges, à cause de la prise de leurs bœufs par les bergers des religieux « es coupes des bois de l'abbaye, lieudit la Forest assise entre Ouges et Domois » (2).

A la date des 3 juillet et 23 septembre 1427, il est

---

1. E. Picard, ouvr. cité, p. 202.
2. Archives de la Côte-d'Or, B. II, 249. — Peincedé, t. XXVII, p. 38.

fait défense à divers particuliers de chasser dans les bois d'Ouges.

Le 4 avril 1566, une sommation enjoint aux religieux de Cîteaux de payer au chapitre d'Autun la quantité de 400 paisseaux. Dans l'amodiation pardevant Poillechat, notaire à Dijon, de la seigneurie de Chenôve, le 17 novembre 1581, à Guillaume Mathey et Henry Dupré, marchands à Dijon, il est rappelé que les chanoines doivent remettre aux preneurs, outre les droits concernant la terre de Chenôve : « les revenus desd. corvées Saint-Lazare qui sont ès lieux d'Ouge et Longvic... » et la faculté de prendre et lever à la grange d'Ouges « deux mille cinq cent javelles de paisseaux deües par les religieux de Cîteaux avec vingt-cinq charettes de bois prises en la forêt dudit Ouge en payant par lesd. reteneurs les droits et devoirs deus pour raison de seigneurie... » (1). Un autre acte d'amodiation de la même terre de Chenôve, du 10 juillet 1622, est plus explicite en ce qui concerne la redevance des moines de Cîteaux : « ....vingt cinq charettes de bois, à deux chevaux chacune charette ; deux mille cinq cent javelles de paisseaux, *à compter cinquante bastons* par chaque javelle deües, chacun an, par les abbés et religieux de Cîteaux, etc... » (2).

Il s'était passé, peu de temps auparavant, quelque chose à Ouges concernant les bois, dont nous sommes forcé de dire un mot.

Le 23 mai 1566, les religieux de Cîteaux firent procéder à l'arpentage du bois taillis lieu dit *en Vernois*, qu'ils venaient de vendre à plusieurs particuliers. Les moines commençaient déjà à se dessaisir de leurs bois ! Un peu moins d'un siècle plus tard nous voyons une partie des bois d'Ouges délivrés, par procès-verbal du

---

1 et 2. Archives de Saône-et-Loire (pièces en classement). — *Histoire de Chenôve*, preuve p. 313-322.

6 mars 1610, à Antoine Seguenot, pour la somme de 600 livres (1).

Les revenus du bois d'Ouges figurent encore dans les derniers comptes de l'abbaye pour une somme relativement importante; ils étaient situés sur un terrain de première qualité, comme d'ailleurs ceux que le couvent posséda pendant quelques années sur les territoires voisins de Broindon et Savouges (2).

Deuxième Partie

OUGES AU POINT DE VUE RELIGIEUX, DEPUIS L'ORIGINE DE L'ÉGLISE JUSQU'A LA FIN DU XVIIIe SIÈCLE

CHAPITRE PREMIER

DESCRIPTION EXTÉRIEURE ET INTÉRIEURE DE L'ÉGLISE

§ 1. — *État actuel de l'église.*

Quand nous parcourons une commune nos regards se portent d'abord sur l'église. Celle du village d'Ouges est fort ancienne, car saint Léger, évêque d'Autun, la légua, avec la cure, à ses chanoines, en l'an 653 (1). Le temple primitif, après avoir subi bien des modifications, dut céder la place à la vaste et belle église encore debout comme par miracle.

1. Archives de la Côte-d'Or, H. 480.
2. E. Picard, ouvr. déjà cité, p. 203.
3. Arch. de la Côte-d'Or, H. 480, F. de Cîteaux.

L'*église* d'Ouges est, à l'heure actuelle, bien délais-
sée ; sans être mise en interdit dans le sens strict du
mot, on a cependant dû en défendre l'entrée aux fidèles, et cela pour leur sécurité. Cette vieille église ne
reçoit plus guère aujourd'hui que la visite quotidienne
du marguillier qui vient y sonner le point du jour, ainsi
que l'*Angelus* à midi et le soir, et nous devons confes-
ser que c'est grâce à la complaisance d'un brave homme
du pays, dont l'habitation est voisine de cet édifice
croulant, que nous avons pu la visiter à notre aise,
pendant trois grandes heures, dans la matinée du
15 mars 1896.

On enterre bien encore les morts de la paroisse dans
le cimetière qui se développe sur le devant et à gauche
de l'église, mais les offices religieux ne se font plus
dans ce temple qui protège de son ombre les sépultures
de plusieurs générations. C'est dans une chapelle pro-
visoire et attenante à la cure que tous les services se célè-
brent aujourd'hui (1). Cet état de chose durera-t-il longtemps ? c'est ce que nous ne saurions dire ! mais nous
pensons que si le gouvernement et le département ne
viennent en aide à la commune et à la fabrique — dont
les ressources sont, à coup sûr, insuffisantes pour subvenir aux frais d'une restauration complète de l'édifice
— il restera encore comme cela durant bien des années
et ne fera, avec le temps, que se détériorer et tomber
tout à fait en ruine.

§ 2. — *Architecture de l'église.* — *Le clocher.*
Le chœur.

Il serait difficile de dire avec précision en quelle année la construction de l'église Saint-Pierre d'Ouges fut

---

1. Le presbytère actuel avec ses dépendances fut construit en 1862 au
Grand Ouges, sous la direction de M. Auguste Sirodot, architecte. La
distance qui sépare la cure de l'église, mesurée géométriquement sur
le plan cadastral, est de 1,025 mètres.

commencée. L'édifice porte tous les caractères des constructions religieuses du moyen âge. On lui assigne le
XIVᵉ siècle comme style architectural ; nous ajouterons
que son chevet droit, précédé de la travée qui soutient
le clocher, est l'indice distinctif d'une de ces constructions monastiques enfantée avec le secours et la puis-
sance de la foi. L'architecte donnait ses plans, sans souci
des moyens matériels d'exécution, le peuple tout entier
se mettait à l'œuvre, les souverains et les grands barons
donnaient leur aumône et les monuments s'élevaient
comme par enchantement (1).

La tour carrée du clocher, de belles proportions, est
percée, sur chaque face, de deux lancettes accouplées,
formées de colonnettes et de moulures polygonales, et
abritées par un arc en larmier. Il y avait trois cloches
dans ce beffroi avant la Révolution ; il n'en reste plus
qu'une aujourd'hui qui porte sur ses flancs l'inscription
suivante :

A LA DÉVOTION DE Sᵗ PIERRE PATRON DE LA PAROISSE D'OVGES
J'AI ÉTÉ BÉNITE EN 1818 PAR M. JEAN RENIER PRÈTRE DES-
SERVᵀ ‖ OVGES. M. HVBERT CORNEMILLOT MAIRE DE LADITE
COMMVNE.

Tout au bas de la cloche qui mesure 0ᵐ95 de haut et
1ᵐ05 de diamètre à la base, on voit trois figures : le
Christ en croix, la Vierge et un saint évêque. On peut
aussi y lire: J.-B. Fort, fondeur à Dijon. On remarquera
que l'inscription que nous venons de donner ne fait
aucune allusion aux parrain et marraine de la cloche.
Celle-ci fut reçue par la commune le 24 novembre 1818 ;
le marché passé porte qu'elle sera payée 768 fr., et il faut
dire encore que le fondeur enleva une cloche brisée qui
restait, dont la matière servit à la fonte de la nouvelle.

1. E. Petit, *Histoire des Ducs de Bourgogne*, t. II, p. 48.

Les contreforts de l'église sont à retraite, avec corniche en écussons (1). Le lierre, comme il arrive dans toutes les vieilles constructions délaissées, a pris depuis longtemps possession des murs, surtout dans la partie du chœur.

Pénétrons maintenant à l'intérieur de cette église qui mesure 32^m60 de longueur sur 5^m80 de largeur dans le chœur, et 8^m52 dans la nef; la hauteur des voûtes du chœur est de 7^m55, tandis que celle du plancher de la nef n'est que de 5^m35. Après avoir descendu trois marches d'escalier, nous traversons la nef, qui n'a jamais reçu de voûte, pour nous rendre au sanctuaire. Si le clocher est extérieurement ce qu'il y a de plus remarquable dans l'édifice, le chœur, précédé de la travée du clocher, est la partie architecturale la plus curieuse. Divisé en deux, il présente une voûte sur plan carré, refendue par un faux arc-doubleau ; les nervures et les arcs aux arêtes rabattues retombent sur des chapiteaux sans fûts, à feuillage idéal lisse. Dans l'ornementation de ceux-ci on distingue l'arum, qui forme les crochets, la feuille de grande vigne, le chêne et autres feuilles Au dire d'un savant archéologue, lorsqu'on rencontre dans un monument, ou une partie de celui-ci, une flore murale dans le genre de celle que nous voyons sur les chapiteaux de l'église d'Ouges, on peut dire sûrement que cet édifice ou au moins la partie qui renferme ces échantillons, est de la fin du XIIe ou, au plus tard, du commencement du XIIIe siècle (2).

Des colonnettes décorent les formerets, chacun d'eux est percé d'une baie cintrée, étroite et longue ; les deux travées sont encadrées par des demi-piliers aux colonnes en délit.

Contrairement à la plupart de ces anciens édifices modifiés avec les changements de goût et de civilisation

1. *Répertoire archéologique* de Foisset, p. 69.
2. *Les Eglises des environs de Paris*, par Emile Lambin, p. 68.

et qui n'ont rien laissé subsister de leur structure primitive, l'église d'Ouges, quoique souvent réparée, est toujours intacte et conserve les marques de son origine cistercienne (1).

Avant d'aborder la partie historique proprement dite de l'église, nous allons continuer notre visite intérieure.

§ 3. — *Tableaux de l'église d'Ouges.*

Celui qui attire plus particulièrement les regards est sans contredit la grande toile (de 1^{m}52 de large sur 1^{m}85 de haut), placée au fond du chœur, derrière le maître-autel. Ce tableau représente saint Pierre, patron de la paroisse, assis, le bras gauche appuyé sur un bloc de rochers et ayant les deux clefs caractéristiques posées sur les Epîtres. A première vue il est assez difficile de reconnaître saint Pierre dans ce personnage, car il faut examiner de très près le tableau pour distinguer les clefs et le livre fermé ; et puis un sujet ailé — sans doute, le coq traditionnel — qui se trouve à sa droite, peut parfaitement, étant donnée l'attitude du saint qui semble méditer, le faire prendre pour l'évangéliste saint Jean. Cependant avec un peu d'attention on revient vite à la réalité (2).

Ce tableau de saint Pierre, très estimé des connaisseurs, n'avait pas jusqu'ici laissé pénétrer le secret de son origine. Pourtant nous avons été assez heureux pour y découvrir la signature presque effacée de l'artiste à qui on le doit, et le nom du donateur. C'est dans l'angle inférieur de la toile, à droite, que nous

---

1. Le clocher et le chœur furent réparés en 1775. La toiture du clocher fut couverte en tuiles vernisées. (Arch. de la Côte-d'Or, H. 479.)

2. Nous avons rencontré, à l'église de Corcelles-les-Monts, un tableau de plus petite dimension, mais reproduisant le même sujet et dans la même attitude. Sur la toile de Corcelles, qui semble une copie fidèle de celle d'Ouges, on distingue bien le coq.

avons lu ces quatre lignes, précédées de la signature
« Revel pinxit, 1709. »

EX DONO
PETRI JACQVEMIN
RECTORIS ECCLESIÆ
D'OVGES.

Gabriel Revel, né à Château-Thierry en 1643, est
mort à Dijon en 1712. Considéré comme l'un des meilleurs élèves de Le Brun, il s'adonnait surtout à la repro-
duction des sujets religieux. La vieille basilique de
Saint-Jean, à Dijon, ne possédait pas moins de sept
tableaux dus à son pinceau.

Si nous ne savons presque rien du peintre qui a
reproduit sur toile les traits du patron de la paroisse
d'Ouges, nous connaissons mieux le généreux curé qui
en dota son église.

Pierre Jacquemin prit possession de la cure d'Ouges
en septembre 1681, sur la résignation en sa faveur de Fran-
çois-Dominique Mottet, qui n'avait desservi la paroisse
que pendant trois années. P. Jacquemin, malade, fit son
testament, le 20 septembre 1719, et institua « les fabriciens, habitants et le recteur d'école dudit Ouges » pour
ses héritiers. Mais ils n'acceptèrent pas les legs de leur
curé, et Pierre Millot, neveu de ce dernier, eut, ainsi
que nous aurons à le dire plus loin, toutes les peines du
monde à les faire revenir sur leur décision. Pierre Jacquemin mourut, le 24 septembre 1719, âgé de 65 ans
« ayant gouverné la paroisse, dit son acte de décès,
environ 37 ans avec piété et édification, et a été inhumé dans le cimetière proche la petite porte de
l'église... » (1).

On remarque encore accroché au mur du chœur,
du côté de l'Epître, un tableau ancien de moyenne

1. Arch. communales d'Ouges. (Reg. de l'état civil.)

dimension où l'on distingue la Vierge avec deux enfants ; il y a un rapprochement à faire de ce tableau avec celui de Raphaël conservé au musée du Louvre et connu sous le nom de la Vierge dite la Belle-Jardinière. Le pendant qui représentait l'apparition de la Vierge à saint Bernard est tombé de vétusté et on a été forcé de l'enlever. Il était signé « Lucas Despesches pingebat 1641. »

Avant de quitter le sanctuaire de l'église d'Ouges, disons qu'on a peint à fresque, il y a un peu plus d'une trentaine d'années sur le mur du fond de l'abside, une sorte de décor de théâtre, avec six anges presque nus, qui font assez mauvais effet ; ils soutiennent les plis et les cordons d'une sorte de baldaquin au sommet duquel on remarque la tiare et les clefs de saint Pierre en sautoir. Cette peinture murale a été restaurée, ainsi que le tableau de saint Pierre, en 1875, par Tête, peintre décorateur à Dijon.

Le chemin de croix peint sur toile est d'une bonne composition.

Près des fonts baptismaux, en haut du confessionnal, nous signalerons une toile la Sainte Famille.

Au-dessus de la porte d'entrée faisant face au chœur, il y a un très ancien tableau dans un cadre bleu et or qui mériterait d'être mieux placé ; il a 2^{m}20 de long sur 1^m de large. On y voit représentés au centre le Rédempteur ayant à sa droite saint Pierre avec ses épîtres et sa clef et à sa gauche saint Paul facilement reconnaissable à l'épée qu'il tient de la main droite. A côté de lui se trouve un abbé de Cîteaux, en robe blanche, tenant la crosse volute en dedans, ainsi qu'on avait l'habitude de figurer les abbés pour les distinguer des évêques qui, d'après certains liturgistes, portent la crosse volute en dehors. A droite de saint Pierre, à l'autre extrémité du tableau, on trouve un patriarche à barbe blanche, vêtu

1. Communication de M. l'abbé Champin, curé d'Ouges.

d'une robe brune très foncée, tenant de la main droite
une crosse et une palme, et de la gauche un livre fermé.

Aux pieds du Christ on peut remarquer des armoiries surmontées de la mître et de la crosse ; la hauteur
démesurée où se trouve placé le tableau ne nous avait
pas permis, à notre première visite à l'église, de distinguer les émaux, mais à une seconde, que nous faisions
le 26 avril 1896, nous sommes parvenu à l'aide d'une
échelle — et grâce à l'habileté d'un de nos bons amis
qui a pu en prendre un croquis — à discerner le blason
de Nicolas Boucherat, qui portait de Cîteaux écartelé
d'azur à un coq d'or.

Il y eut deux abbés de Cîteaux portant le nom de Nicolas Boucherat. Le premier, docteur en théologie de la
Faculté de Paris et conseiller-né au Parlement, fut élu
abbé et général de l'Ordre après le décès de Jérôme
de la Souchières. Il mourut le 12 mars 1586 et fut
inhumé proche le grand autel de l'église de Cîteaux.
Le second du nom de Boucherat, neveu du précédent,
était né à Pont-sur-Seine ; il prit la mître et la crosse
après le décès de Edme de la Croix en 1604 et mourut
dans son abbaye de Cîteaux le 3 mai 1625. Comme son
oncle il était docteur de la Faculté et conseiller-né au
Parlement de Bourgogne (1).

§ 4. — *Vitraux, statues et autres curiosités
de l'église.*

Les vitraux de l'église d'Ouges n'ont rien de particulièrement remarquable. Malheureusement ceux du chœur,
qui sont un peu plus beaux que les autres (bien qu'on n'y
distingue pas de sujets religieux dignes de fixer l'attention), tombent par morceaux. On voit sur ces vitraux,
assemblés avec des verres de couleurs, le monogramme
du Christ, celui de la Vierge, la croix et un ostensoir.

1. Le *Parlement de Bourgogne,* par Palliot, pp. 110-112.

Bien que très clair le reste de l'église n'est pas aussi bien partagé que l'abside ; les fenêtres qui donnent le jour sont étroites, ce qui prouve leur ancienneté. Une couleur rose très tendre qui les encadre, de même que les piliers du sanctuaire, et que l'on rencontre dans les anciennes églises de monastères, comme à Bonvaux, par exemple, vient, avec le chevet carré, qui est pour ainsi dire la caractéristique des églises de l'Ordre de Cîteaux, démontrer que les moines de la puissante abbaye ne doivent pas être étrangers à sa construction.

Les statues qui décorent l'église sont presque toutes modernes. Cependant la chapelle à droite du chœur possède une belle statue de la Vierge dont la robe bleue est ornée de fleurs de lis d'or. Cette image, qui paraît ancienne, masque une peinture sur toile garnissant le fond de la chapelle et dont il est facile de voir quelques traits.

Malgré son ancienneté, cette statue n'est à coup sûr pas aussi vieille que la Vierge en bois regardée, suivant la tradition, comme la première figure de la mère de Dieu qu'ait possédée l'église d'Ouges. Il nous a été donné de voir, dans la sacristie de la chapelle paroissiale, ce respectable morceau de sculpture qui est vraiment très remarquable. Cette vierge a beaucoup de ressemblance avec Notre-Dame de Domois (1). Cachée par une famille pieuse du pays au moment de la Révolution, il n'y a guère qu'une dizaine d'années, — et cela à la suite d'une circonstance quasi providentielle, — qu'elle est rentrée à l'église au moment où pour toujours elle allait quitter la paroisse.

Sur le devant de l'autel, actuellement dédié au Sacré-Cœur, sont sculptées et peintes, dans un cartouche surmonté de la crosse et de la mître, les armoiries mi-partie de Cîteaux : *d'azur semé de fleurs de lis d'or, à un écusson de Bourgogne ancien en abîme* et mi-partie de

1. V. *Notice sur Notre-Dame de Domois*, p. 19.

Edme Perrot, abbé de Cîteaux, qui portait : *De sable à deux rochers accostés d'argent, au chef d'or chargé d'un lambel de trois pendants de gueules.*

Edme Perrot, natif de Dijon, religieux de Cîteaux, docteur en théologie, fut, après le décès de Nicolas Larcher, élu abbé et supérieur général de son ordre, le 20 mai 1712 ; il prêta serment entre les mains du Roi le 31 du mois de juillet 1713, et fut reçu premier conseiller au Parlement le 15 janvier 1714. Il vécut avec beaucoup d'édification et mourut à Cîteaux le 31 janvier 1727, âgé de 84 ans et 2 mois, après avoir gouverné la Maison et l'Ordre pendant près de 15 années. Inhumé dans l'endroit où se tenait le chapitre, on lisait sur sa tombe l'inscription qui suit :

Hic jacet R. D. D. Edmundus
Perrot, hujus Domûs Religiosus, qui
electus Abbas Cisterciensis generalis,
die XX maii M. D. CC. XII. non finxit
laborem in præcepto, senio confectus
morbisque, et laboribus prægravatus,
viam veritatis non deseruit, obiit
XXXI. Jan. an. Dom. M. DCC. XXVII.
æstatis suæ LXXV. Prælaturæ XV (1).

La famille d'Edme Perrot a fourni un maire à la ville de Dijon, en la personne de Jean Perrot, bourgeois, élu le 20 juin 1606. Sur un jeton qu'il fit frapper cette même année, on voit ses armes avec cette devise : TELLE + EST + MA + FOY.

Pour quelle raison l'abbé Perrot avait-il voulu que l'on mît ses armes sur le devant de cet autel ? Nous ne saurions le dire ! Peut-être que l'église fut restaurée sous son administration ; cela n'est pas impossible.

1. *Continuation de l'Histoire du Parlement de Bourgogne*, depuis l'année 1649 jusqu'en 1733, par François Petitot. Dijon, MDCCXXXII, p .37-38.

§ 5. — *Epigraphie à l'église d'Ouges*

Il y a quelques pierres tombales qui recouvrent le pavé de l'église d'Ouges. Plusieurs sont totalement, et d'autres en partie seulement, cachées par les bancs. Si nous avons en vain cherché la tombe du maire de Dijon Jean Jacquinot, signalée par Courtépée, c'est que, sans doute, elle est dissimulée sous les sièges ; nous ne serions même pas étonné de la rencontrer près de l'autel de la Vierge, car il y a une pierre, dont on ne peut voir que la partie supérieure, où l'on remarque des lambrequins entourant un écu qui n'est pas visible. On n'a certes pas manqué de faire figurer les armoiries de famille sur la pierre sépulcrale de ce personnage. Mais comme on ne voit pas le blason, il est impossible de faire, sur celle-ci, autre chose que des conjectures.

La famille Jacquinot avait droit de sépulture à l'église d'Ouges, si nous en croyons cet acte de décès relevé au registre de l'état civil pour l'année 1681 (1) :

« Maistre Claude Iacquinot conseiller du Roy et maistre des comptes est mort ce iourd'hui 24ᵉ du présent mois d'aoust 1681 et a esté anterré *en l'église paroissiale d'Ouge* le 25ᵉ du maisme [mois] et an. Madame Iaquinot, sa femme, et messieurs ses enfans ont assistés au convoy lesquels ayant esté invités de signer l'ont fait comme il est ici exprimé.

MARIE DE GANAY. D. GAUTIER dessᵗ la cure d'Ouges. »

Il y a une autre pierre tombale dont la moitié se trouve dans l'allée qui fait face à l'autel de la Vierge, et l'autre engagée sous les bancs. Cette tombe devait être fort belle il y a quelques années, mais malheu-

1. Arch. communales d'Ouges.

reusement aujourd'hui elle est cassée et l'inscription en partie effacée. Nous n'avons pu déchiffrer que ces quelques membres de phrases :

.... EN SON VIVANT MAIRE D'OVGE.... ET LE DIT. TRE-MOND TRES ‖ PASSA EN LA VILLE DE ‖ DIION LE SABMEDI.... 1589 (?)....

On distingue les effigies de deux personnages, sans doute le mari et la femme, gravées sur cette pierre. Un phylactère sortant de la bouche de l'un d'eux contient une formule latine en partie illisible.

Nous sommes en présence de la tombe d'un officier de l'abbé de Cîteaux ; car ainsi que nous l'avons dit dans une autre publication, le maire ou maïeur n'est autre qu'un représentant du seigneur et nullement, comme quelques écrivains l'ont avancé, par erreur, le chef de la communauté (1). Les anciens protocoles de notaires, conservés aux archives départementales nous divulguent les noms de quelques-uns de ces fonctionnaires, à Ouges, à des époques assez éloignées. Ainsi, par exemple, nous voyons, dans une pièce de juin 1304, que des biens sont possédés par Moingeotte, fille de feu Milot, maire d'Ouges (2). Voici d'autres noms : Thomas maire de *Ougiis*, en 1324 ; Huguenin Loiseau, de Fauvernay, maire d'Ouges, en 1347 ; Perrin Li Morez, maire de Ougiis en 1380 ; Thomas Maingnon, maire en 1427.

En descendant la petite allée latérale où nous venons de rencontrer cette tombe, nous en trouvons une autre sans inscription. Une grande croix y est gravée, mais moins belle que celle que nous avons admirée dans la chapelle Saint-Claude, à l'église de Chenôve, et qui nous faisait faire la réflexion que cette dalle funéraire recou-

1. *Histoire de Chenôve*, p. 145.
2. Arch. de la Côte-d'Or, H. 480.

vrait le corps d'un chapelain ou d'un ancien curé de la paroisse (1). La présence d'une pierre semblable, dans une autre église, nous porte à croire que nos appréhensions sont fondées. Nous avons au reste, un autre exemple dans la tombe d'un religieux de l'abbaye de Saint-Seine : Frère Claude Miotet, décédé en 1652, et dont Palliot a pris soin de nous conserver un dessin dans ses mémoires. Seulement, contrairement aux tombes de Chenôve et d'Ouges, outre la croix qui figurait au milieu, une inscription se lisait en bordure.

Tout à la suite de cette pierre nous lisons l'inscription d'une autre tombe qu'il nous a été facile de reconstituer dans son entier, bien qu'elle soit en partie cachée par les bancs :

CY	GIST LE CORPS
DE	PIERRETTE R (2)
EN	AV DOT FEM
M	E EN PREMIER
E NO	CES DE ZACAR
IE	VILLARDET E
T EN S	ECONDE NOS
D	HVGVES MAIEL
....	RD. M^d <> A OVGE
....	E DECÉDÉE LE 24
JVIL	LET 1760
AGÉ	E DE 58 ANS
PRI	ES DIEV POVR
LE	REPOS DE SON AME.

Le pointillé qui divise cette inscription a été mis à dessein afin de faire voir que les lettres placées à droite de la ligne sont seules au jour ; les autres, du côté gauche, sont au contraire celles que l'on ne voit pas.

1. *Histoire de Chenôve*, p. 92.
1. C'est sous toute réserve que nous donnons comme nom de famille Renaudot. Ajoutons aussi que nous avons conservé à cette inscription (comme pour celle qui va suivre) sa disposition bizarre et ses fautes.

Dans l'allée latérale qui fait face à un autel placé actuellement sous le vocable du Sacré-Cœur, autrefois de Saint-Eloi, on voit une tombe dont l'inscription, ainsi conçue, est assez mal gravée :

CY GIST
MARIE GVNNEPIN
VEVVE DE.........
BENOIST DEMEVR
ANT A OVGE
DÉCÉDÉE LE
3 x^{bre} 1779
PRIES DIEV POVR
ELLE

Il n'y a aucune tombe dans l'allée principale.

CHAPITRE II

HISTOIRE DE L'ÉGLISE SAINT-PIERRE D'OUGES

§ 1. — *Antiquité de l'église d'Ouges.*

Nous avons dit que la première église établie à Ouges avait été léguée par saint Léger aux chanoines de la cathédrale d'Autun, en 653. La paroisse, placée sous le vocable de saint Pierre, était du diocèse de Chalon, archidiaconé d'Oscheret, archiprêtré d'Esbarres, et du patronage du chapitre d'Autun, que le duc Hugues II confirma dans la possession des églises de Tillenay et

d'Ouges, cédées par Gauthier, évêque de Chalon,
en 1132 (1).

Une question qui a son importance se pose ici natu-
rellement. Pourquoi saint Pierre a été donné comme
patron à l'église d'Ouges ? Il y a plusieurs hypothèses
qui viennent se dresser devant cette interrogation, mais
nous n'en retiendrons qu'une seule, c'est du reste celle
qui nous paraît la plus vraisemblable. On sait qu'il fallait dans l'antiquité une *mémoire* (reliques, tombeau,
monument historique) pour établir le *titre* et justifier la
dénomination d'une église ; à défaut de reliques proprement dites, les simples *brandex* ou linges qui avaient tou-
ché les ossements des martyrs suffisaient. Sans doute,
c'est à une parcelle des reliques du grand apôtre que
l'église d'Ouges doit l'insigne honneur d'être placée sous
sa protection. Le culte de saint Pierre a été de tout temps
très répandu en Bourgogne et un grand nombre de parois-
ses le reconnaissent depuis des siècles pour patron.

Au moment de l'acquisition d'Ouges par les moines de
Cîteaux, il y avait donc une église dans ce village, et nous
avons même tout lieu de croire qu'elle s'élevait sur le
même emplacement que celle d'aujourd'hui. Mais il
n'est pas admissible que ce soit la même, car elle
devait être alors de moins grandes proportions. Il
est présumable que c'est aux moines cisterciens que
nous sommes redevables de la construction de l'église
Saint-Pierre d'Ouges que nous voyons encore, et
s'ils ont édifié ce temple au Petit Ouges, au midi près des
bois de l'abbaye, tandis que le choix d'une place dans
l'importante agglomération dénommée le Grand Ouges
semblait plus rationnel, c'est uniquement parce que
les premiers fondements de l'église avaient été jetés
dans cette partie du village qu'on appelait le *quartier
de l'Eglise*, pour nous servir de l'expression de l'acte de
vente de la terre d'Ouges.

(1) Courtépée, t. II, p. 228. — Cl. Saulnier, *Autun chrétien*, p. 105.

Dans l'exposé du projet relatif à la construction de la cure, en 1862, il est dit que l'église, « placée dans la partie de la commune appelée le Petit Ouges, est très éloignée des habitations. Ce bâtiment n'a de convenable que le chœur, de sorte que, *dans l'avenir*, on prévoit une reconstruction totale de l'église qu'il sera indispensable de placer au Grand Ouges (1)... »

§ 2. — *Principales fondations faites à l'église.*

La plus ancienne fondation faite à l'église d'Ouges remonte à 1357. Adelinete ou Adelincte d'Ouges (*Adeleneta domicilla de Ougis*), damoiselle, cède à l'église, en septembre 1357, le dimanche avant la Saint-Denis, pour son anniversaire, deux pièces de terre au finage d'Ouges ; la première de trois quartiers lieu dit *Les Ratez*, l'autre d'un journal en *La Couhaille* ; plus la terre qui est appelée *Les Essarts au Varenot* et encore cinq quartiers d'avoine sur le meix dit le *Bouillant*. Cette cession est passée en présence de témoins par devant P. de Vitel, notaire à Gevrey-en-Montagne (2).

En 1404, messire Girard Christophelet, curé, reconnaît que le luminaire du grand autel est à sa charge et promet à ses paroissiens de l'entretenir (3).

Robert Maigret, laboureur à Ouges, fit à l'église dudit lieu, le 4 septembre 1485, donation d'une soiture de pré assise en la prairie de Varanges, lieu dit *En Malnouhot*, « franche et quitte de toute charge et servitude », plus quatre gros de cens assigné sur un journal de terre arable sis à Ouges, « à prendre dans une pièce de la conte-

---

(1) Archives de la Côte-d'Or, Série O.
(2) Arch. de la Côte-d'Or, B. 11,258. Peincedé, t. XXVII, p. 101.
(3) Arch. de la Côte-d'Or, B. 11,320.

nance d'environ trois journaux, payant la dîme à Dieu seulement », au moyen de quoi, est-il dit dans l'acte constatant cette donation, les fabriciens de l'église d'Ouges « sont tenus de faire prier Dieu pour le repos de son âme » (1). Il ne fixe pas d'autres obligations, ni messes, ni services ; il ne demande que des prières !

La dîme à Dieu, ou dîme ecclésiastique, établie au ixe siècle, n'était pas très forte ; elle était rarement de la dixième partie de la récolte, et ne consistait le plus souvent qu'en une seule gerbe au journal. Celui-ci contenait, à cette époque, huit ouvrées ou 360 perches.

Nous n'avons aucun détail sur les fondations faites à l'église d'Ouges par Etienne Fleau et Anne Penard, sa femme, le 28 février 1691, ainsi que par François Carnet et Marthe Fleau, sa femme, le 4 octobre 1714.

Les anciens titres de la fabrique de l'église font mention, à la date du 28 juin 1720, d'une fondation, par un sieur Millot, de quatre grand'messes et six basses. Les circonstances de cette fondation méritent d'être rappelées :

Par son testament du 20 septembre 1719, ainsi que nous l'avons déjà dit, Pierre Jacquemin, curé d'Ouges, avait institué pour ses héritiers : les fabriciens, les habitants et le recteur d'école d'Ouges. Ceux-ci n'ayant pas voulu accepter le legs fait par leur curé, le neveu de ce dernier, Pierre Millot, brigadier de la compagnie des grenadiers à cheval de la maison du roi, fut dans la nécessité de se pourvoir pardevant le gouverneur de la chancellerie de Dijon ; celui-ci, par sentence du 27 janvier 1720, et sur les conclusions de MM. les gens du roi, autorisa le sieur Millot à faire la fondation de son oncle où bon lui semblerait. Comme il tenait à ce que les services prescrits fussent célébrés en l'église d'Ouges, « tant par inclination naturelle que pour y perpétuer la

(1) Arch. de la Côte-d'Or, H. 480. — En 1791 l'inventaire des titres de fondation fait mention de celle de R. Maigrot à la date du 4 septembre 1524. C'est une erreur. (Arch. de la Côte-d'Or, Q², liasse 40, cote 25.)

mémoire dudit sieur Jacquemin, son oncle », il insista à
nouveau auprès des fabriciens, du recteur et des paroissiens et finit par obtenir d'eux ce qu'il désirait. Il remit
donc à titre de fondation perpétuelle : un bâtiment qu'a-
vait fait construire le défunt curé près le cimetière de
l'église, touchant d'un côté à la cure, d'autre au verger
du sieur « chanoine Buisson », la portion de grange et
le terrain contigu, le tout d'une valeur de 300 livres (1).

Les conditions exigées par cette fondation faite sous
« le bon vouloir et plaisir de Msr l'évêque comte de
Chalon-sur-Saône » étaient les suivantes :

Le curé d'Ouges devra dire et célébrer chaque année
à perpétuité, pour le repos de l'âme de Jacquemin et de
celle de ses parents, quatre messes hautes de *Requiem* avec
Libera à la fin de chacune sur sa sépulture, savoir :
1° une le lendemain de la fête de saint Pierre de juin,
2° une le lendemain de la fête de saint Pierre-aux-Liens,
3° une le lendemain de la Chaire de Saint-Pierre d'Antioche et enfin 4° une le lendemain de la Chaire de Saint-
Pierre à Rome , plus six messes basses de *Requiem*
et quatre messes basses pareillement de *Requiem* dans le
temps et à la volonté des sieurs curés d'Ouges.

Dans le principe, le curé Jacquemin n'avait ordonné
que quatre grand'messes et six messes basses, plus un
De profundis qui devait « estre dit sur sa sépulture, ou
soubs les cloches, par les écoliers et maître d'école dudit Ouges » (2), mais sur le refus du recteur de satisfaire
à ce désir, le neveu du défunt curé transigea avec les
fabriciens qui firent dire quatre messes basses de *Requiem* pour remplir la clause du testament.

On pourrait se demander pourquoi le curé d'Ouges
avait voulu que les écoliers et leur maître fussent obligés de dire sur sa tombe un *De profundis*. Nous tenons
à en donner la raison en deux mots. Le bâtiment

1. Me Chrétien Buisson était chanoine de la chapelle aux Riches de
Dijon.
2. Arch. de la Côte-d'Or, G. 620.

légué devant être délaissé, moyennant une faible redevance, par les curés d'Ouges à tous les recteurs d'école
qui se succéderaient dans le pays, messire Pierre Jacquemin pensait que la jeunesse et celui qui la dirigeait
lui devaient bien pour cela ce petit témoignage de reconnaissance.

Il faut croire que la fondation de Pierre Jacquemin
était trop onéreuse par rapport aux revenus des bâtiments légués, car elle fut amortie, le 18 juin 1738. Le
curé Sage paya pour cela 60 livres « avec les autres
droits » le 6 août suivant.

Passons maintenant aux autres fondations.

Le 5 janvier 1740, Claude Garnier, dit Cadet, laboureur à Ouges, et Pierrette Rigolier, sa femme, désirant
prendre part aux prières qui se disent à l'église, fondèrent
à perpétuité, par acte reçu Mathieu puiné, notaire à
Dijon, et sous le bon vouloir de l'évêque de Chalon, une
grand'messe le jour de saint Claude et le jour de saint
Pierre, patrons du fondateur et de sa femme, avec une
« exposition en évidence du T. S. Sacrement, depuis
le commencement de la grand'messe toute la journée
et pendant les vêpres de la fête de Saint-Pierre. Après
celles-ci, amende honorable suivie du *Pange lingua*
avec le verset et l'oraison du S. Sacrement et la bénédiction..... » Pour la rétribution de cette fondation, les
époux Garnier cédèrent au curé Sage un journal de terre
« en roture en une pièce provenant de leurs ancêtres et
situé en *Chamelus* ».

Le 4 avril 1743, un autre membre de la famille Garnier,
Claude dit l'Aîné, aussi laboureur à Ouges, de concert
avec sa femme Jacquette Seguin, fait une donation d'une
pièce de terre, en faveur de l'église, à charge d'une grand'
messe pour le repos de son âme et de celle de son épouse,
la veille de la fête de son patron, saint Claude, et de
l'exposition du Saint-Sacrement le jour de Pâques, depuis la messe jusqu'après vêpres, ensuite desquelles il demande qu'il soit dit amende honorable et le *Pange Lin-*

gua avec le verset et l'oraison du Saint-Sacrement, le tout suivi de la bénédiction.

§ 3. — *La confrérie du Saint-Sacrement à Ouges.*

Nous nous étonnions qu'avec toutes les dévotions envers le Saint-Sacrement il n'y eût pas, en son honneur, une confrérie comme on en trouve dans un certain nombre de villages aux XVIIe et XVIIIe siècles, lorsqu'un registre, que nous a communiqué avec beaucoup d'obligeance M. le curé d'Ouges, est venu nous révéler l'existence, dans sa paroisse, d'une de ces pieuses associations.

Ce n'est pourtant qu'en 1778 que les habitants, sur la proposition de leur pasteur, adressèrent à l'évêque de Chalon la requête ci-dessous à l'effet d'obtenir l'érection d'une confrérie du Saint-Sacrement :

« Supplient humblement les curé et habitants de la paroisse d'Ouges. Et disent que n'ayant eu dans la paroisse aucune confrairie ni association quelconque qui puissent servir d'émulation et pour ainsi dire d'aliment à leur piété ; ils seraient dans le dessein d'en établir une, sous le bon vouloir de Votre Grandeur ; qu'à cet effet ils soumettent à votre autorité les statuts et réglemens ci-joints qu'ils ont crû propres à maintenir et à perpétuer cet établissement, pour les diminuer ou augmenter, selon que vous le jugerez nécessaire pour l'utilité et le bien de la confrairie. C'est pourquoy ils recourent à ce qu'il vous plaise, Monseigneur, de permettre d'établir une confrairie en l'honneur du Saint-Sacrement de l'Eucharistie et de donner pouvoir au curé actuel et à ses successeurs de donner la bénédiction du Saint-Sacrement en évidence, tous les troisièmes dimanches des mois après les vêpres précédées du chant *Tantum ergo*, etc., et les versets et oraisons accoutumés ; ils vous prient d'observer que les premiers dimanches des mois, il y a une fondation d'Etienne Fléau et Anne Pénard, autorisée par vos prédécesseurs et qui s'exécute.......

« Ils espèrent, Monseigneur, que le zèle qui vous a toujours animé lorsqu'il s'agissait du triomphe de la religion ne se refusera point au pieux désir d'une paroisse qui n'a point cessé et ne cessera jamais de former des vœux pour lui conserver un prélat si digne de gouverner le troupeau confié à ses soins.

La minute est signée : « Goillot, Renault, Droin, Pain, Poichaut, Contant, Sébillotte, Dubois, Gillot et Décombe, p^re curé d'Ouge. »

L'évêque de Chalon répondit favorablement à la requête des habitants, donna la permission sollicitée et approuva les statuts et règlements de la nouvelle confrérie. Il n'est pas sans intérêt, croyons-nous, d'en reproduire ici les quatorze articles :

« 1° Toutes personnes pourront être admises à la confrairie du Saint-Sacrement, hommes, femmes, garçons et filles, pourvû qu'ils soient de bonne vie, mœurs et conduite, et qu'ils se soumettent de suivre les règlements faits et à faire.

« 2° Si quelqu'un des confrères se rendait indigne de ce nom par leur mauvaise conduite, ils seront avertis charitablement à trois différentes fois de se corriger, et s'ils persistent dans leur dérèglement, ils seront rayés du nombre des confrères et ce de l'avis et à la pluralité des suffrages du sieur curé et des confrères assemblés.

« 3° Il y aura un livre destiné pour écrire le nom des confrères, qui sera cotté et paraphé à tous les feuillets par le sieur curé, et qui servira aussi pour écrire la recette et la dépense que la confrairie sera obligée de faire (1). »

---

1. C'est sur ce registre que nous avons copié la requète et les statuts que nous reproduisons.

« 4° Comme il n'y a aucune société qui ne se distingue par quelque chose qui ait raport à leur établissement, il est à propos que les fidèles qui se consacrent plus particulièrement à reconnaître la présence réelle de Jésus-Christ dans la sainte Eucharistie, récitent à l'église, autant qu'ils le pourront, ou au moins dans leur prière du matin ou du soir, les deux dernières strophes de l'hymne : *Pange lingua*, avec le verset et l'oraison accoutumée ; et ceux qui ne sauront pas lire réciteront cinq *Pater* et ce tous les premiers jeudis de chaque mois. On ne prétend point astreindre les confrères à cette prière, sous peine de péché même véniel.

« 5° Aux processions solennelles du Saint-Sacrement, le daix sera porté par quatre confrères ; les autres y assisteront et marcheront modestement deux à deux, tenant leurs flambeaux allumés.

« 6° Les jours qu'il y aura bénédiction quatre confrères assisteront, pendant les prières qui précéderont la bénédiction, le flambeau allumé, au-devant du maître-autel, au commencement de l'antienne à la sainte Vierge, et le receveur quêtera dans le même tems.....

« 7° Lorsqu'on portera le saint Viatique à un malade les confrères assisteront à cette cérémonie en plus grand nombre qu'il leur sera possible.

« 8° Lorsqu'un confrère sera décédé, les autres assisteront à son enterrement avec les flambeaux qui leur seront distribués.

« 9° Dans la huitaine après le décès de chaque confrère, il sera dit une messe basse pour le repos de son âme, laquelle sera annoncée le dimanche précédent aux frais de la confrairie.

« 10° Il sera célébré tous les ans aux frais de ladite confrairie une grande messe de morts précédée d'un nocturne et des laudes des morts pour le repos de l'âme des confrères décédés, le premier jour libre après l'octave du Saint-Sacrement, qui sera annoncée le dimanche précédent.

« 11° Tous les ans le receveur rendra les comptes de ladite confrairie pardevant ledit sieur curé et les confrères le dimanche qui suivra immédiatement l'Ascension de Notre-Seigneur ; dans cette assemblée on y réglera toutes les affaires qui dépendront de ladite confrairie.

« 12° Ceux qui désireront se faire recevoir dans ladite confrairie seront tenus de se faire inscrire sur le livre destiné à cet usage, et pour subvenir aux frais indispensables audit établissement, fourniront entre les mains du receveur, chacun la somme de trente sols une fois seulement ; ce qui sera pareillement fourni par tous ceux et celles qui dans la suite désireront se faire inscrire au nombre des confrères.

« 13° Que pour subvenir aux frais du luminaire chaque confrère sera tenu de donner tous les ans entre les mains du receveur le jour de l'Ascension la somme de six sols, et ceux qui passeront trois ans sans satisfaire à cette reconnaissance seront rayés du nombre desdits confrères.

« 14° Les confrères qui iroient demeurer dans une autre paroisse, pourront toujours être du nombre des confrères de celle-ci et participer aux avantages et prières de la confrairie s'ils exécutent les articles 4 et 13 des présens réglemens.

« Joseph-François Daudigné de la Chasse, par la grâce de Dieu et du Saint-Siège apostolique évêque et comte de Chalon-sur-Saône, conseiller du roi en ses conseils, etc. Vu les articles du présent et n'ayant trouvé que des règles propres à ranimer, dans le cœur des fidèles, les sentiments d'une vraie piété et d'une dévotion solide, nous avons permis et permettons les exercices qui y sont détaillés, etc......

« Donné à Chalon-sur-Saône sous notre seing, le contre-seing de notre secrétaire, etc., le dix-huit aoust mil sept cent soixante et dix-huit. — Signé ⊦ Jos. Fr., év. c. de Chalon-sur-Saône..... »

Le 20 septembre suivant la confrérie était définitivement établie et comptait 53 membres. Dissoute le 20 prairial an II (Dimanche 8 juin 1794), elle a été rétablie, en 1806 et existe toujours, mais avec d'autres statuts en vigueur.

On conserve encore dans le mobilier de l'église un très ancien cadre de bois, où se trouvaient les noms des confrères, ainsi qu'une vieille bannière d'étoffe rouge, portée aux processions de la paroisse et où l'on voit d'un côté le Saint-Sacrement et de l'autre saint Pierre. Elle fut acquise, en 1809, avec un dais pour la somme de 207 francs.

§ 4. — *Biens de la cure d'Ouges.*

Anciennement les vénérables de la cathédrale d'Autun présentaient à la cure, mais la modicité des revenus de cette dernière, dit un *Mémoire pour l'union de la cure d'Ouges à l'abbaye de Cîteaux,* les ayant empêchés de trouver des ecclésiastiques pour la desservir, elle fut pour ainsi dire abandonnée, et les paroissiens auraient été privés des sacrements et autres secours spirituels si l'abbé de Cîteaux n'y eût pourvu « en commettant pour ce des religieux de sa maison », ce qui fut reconnu en 1620 par Cyrus de Thiard, évêque de Chalon, dans ses lettres d'union de la cure d'Ouges à Cîteaux (1).

Bien maigres, on le voit, étaient les revenus de l'église rurale d'Ouges et tout à fait nulles les ressources des chapelles puisqu'il n'y en avait point de fondée en titre. Mais cependant nous venons de voir que quelques donations en terre étaient venues, dans la première moitié du xviiie siècle, augmenter un peu les propriétés de la cure.

Il ne serait pas facile de dire quelle était l'importance des pièces de terres dont le curé avait la jouissance. Nous savons seulement qu'il y en avait 28 journaux en

1. Arch. de la Côte-d'Or, H. 478.

1783. En 1687 les terres appartenant à la cure étaient amodiées, non par le curé, mais par l'abbé de Cîteaux à Etienne Fléau, marchand à Ouges, pour le prix de 180 livres par an ; tandis qu'en 1734 c'est Gaspard Rollet, curé d'Ouges, qui remet à ferme, pour six ans, à commencer à la Saint-Georges, toutes les terres qui dépendent du patrimoine de la cure, à Bernard Bertheau, laboureur à Ouges : « le présent bail est fait moyennant la quantité de quatre mesures de graines chacun an et par chaque journal des dites terres, que le dit reteneur promet payer aud. sieur Rollet en sa maison curiale le jour Saint-Martin d'hiver, auquel jour de lannée prochaine se fera le 1er payement, pour ainsy continuer d'année à autre jusqu'à la fin des dites six années, et ce de bonnes graines, loyalles et marchandes bien vannées, nettoyées, étapées et sans fraude à la nouvelle mesure du marché de Dijon suivant que lesd. terres porteront ou devront porter scavoir à celles de benison 1/2 froment et consceau, à celles de caresmages de l'avoine.... » (1)

Par benison il faut entendre l'époque à laquelle on sème le blé et le seigle.

En 1739, par bail du 3 avril, les biens de la cure furent amodiés à Claude Garnier et Jean Dubois, moyennant 300 livres par an. Messire François Sage, prêtre curé d'Ouges, fit, en 1746, un bail à Jean Dubois et Antoine Fleurot, pour neuf ans, des mêmes biens, moyennant 500 livres payables à Noël et à la Saint-Jean-Baptiste. La hausse que nous constatons dans le prix de la location prouve assez que les biens avaient aussi augmenté. La totalité des terres de la cure ne dut pas être louée au même individu, si nous en croyons différents baux. Ainsi Messire Sage passe, le 23 juin 1751, un bail à Claude Bassolet, laboureur à Ouges, pour six ans, moyen-

1. Arch. de la Côte-d'Or, G. 620.

nant 44 livres seulement et une paire de poulets au terme de Saint-Martin d'hiver (11 novembre).

Les terres dépendant de la cure étaient affermées, en 1771, par bail du 17 juin, à Bernard Gillot et sa femme, pour 950 livres par an. Le prix d'amodiation va toujours croissant.

Le 21 mai 1777, le bail « des dîmes du curé d'Ouges », pour neuf ans, moyennant 1300 livres, est passé à Pierre et François Quillardet, par devant Mathieu l'aîné, notaire, et Décombes, curé d'Ouges. La somme est payable moitié le 24 juin, moitié à Noël. Ce bail fut continué le 11 mars 1789 à Pierre Quillardet, marchand à Ouges, pour le même prix.

Un bail du 2 avril 1783, reçu Berlier, notaire à Dijon, nous apprend que les biens de la cure sont entre les mains de Jean Poichot, laboureur à Ouges, qui les a pris moyennant 12 livres par journal, « ce qui fait 336 livres, attendu qu'il y a 28 journaux, payables le 11 novembre de chaque année plus deux paires de poulets (1). »

On trouve dans l'inventaire des titres de la cure dressé en 1791 une déclaration du 15 janvier 1788 des Elus généraux du duché de Bourgogne qui la comprend pour la somme de 22 livres 10 sols dans les dépenses du canal de Dijon à Saint-Jean-de-Losne, pour quatre portions d'héritages appartenant à son bénéfice, contenant un journal occupé par le canal (2).

Le canal de Bourgogne, dont la première pensée appartient au roi Louis XII et que Sully, sur les suggestions du président Jeannin, fut sur le point d'entreprendre, a été commencé en 1775 par les Etats de Bourgogne ; F. Joly, échevin de Dijon, député en cour, rendant compte aux magistrats de la ville de la conférence qu'il eut, le dimanche 6 août 1606, avec le duc de Sully, concernant le canal, écrit le 8 : « Il veult aussi

1. Arch. de la Côte-d'Or, G. 620.
2. Arch. de la Côte-d'Or, Q2, liasse 40, cote 25.

savoir (M. de Sully) qu'elle est la pente de nostre rivière d'Ousche jusqu'à la Sône et tout cela par le menu comme de Dijon à la Noue, de la Noue à Ouges et ainsi consécutivement (1)... » Les travaux du canal, poussés avec vigueur de 1789 à 1793, sont repris en 1800 e termiuéts en 1832. Il fut ouvert à la navigation le 7 décembre 1808 dans la partie qui s'étend de Dijon à Saint-Jean-de-Losne.

La recette de la fabrique d'Ouges, d'après les comptes, rendus le 3 août 1790, se montait à 765 livres 6 sols et la dépense à 104 livres 16 sols ; il restait par conséquent, entre les mains des fabriciens, la somme de 660 livres 11 sols.

§ 5. — *Difficultés des curés et des seigneurs d'Ouges.*

Les abbés de Cîteaux ont toujours cherché à augmenter leur domaine d'Ouges, ou bien à posséder les climats du finage réputés les meilleurs et les plus productifs. C'est ainsi qu'à la suite de longs pourparlers avec le curé, celui-ci, par acte du 26 mai 1444, consent à céder aux cisterciens le droit de lever la dîme sur une terre lieu dit *Le Breuil*, contenant environ cinq quartiers ; en contre-échange les religieux lui promettent « le droit de dîme dans une autre pièce de pareille contenance scise au même finage d'Ouges, lieu dit *le Petit Breuil* » (2).

Jusqu'alors il n'y a pas de difficultés ou de procès, mais voici que les contestations vont surgir à propos d'un droit de dîme perçu, par le curé d'Ouges, sur une terre du lieu dont l'abbé de Cîteaux se disait propriétaire. L'affaire fut portée devant le parlement qui rendit, le 14 juillet 1575, un arrêt en faveur de l'abbaye. Par cette sentence, Messire Oudet Bedey, prêtre curé d'Ou-

1. *Corresp. de la Mairie de Dijon*, t. III, p. 86 (*Analecta Divionensia*).
2. Arch. de la Côte-d'Or, H. 482.

ges, fut débouté « de ses demandes et prétentions sur les dîmes des novalles des Essarts d'Ouges » et la même sentence adjugea celles-ci aux religieux de Cîteaux « comme vrais propriétaires » (1).

Les curés d'Ouges n'étaient pas assez influents pour tenir tête à l'abbé de Cîteaux, et, fussent-ils encore dans leurs droits, qu'il est bien rare qu'on leur donnât raison. Pourtant, à deux différentes reprises, en 1775 et 1784, le curé Descombes résista à l'abbé et même au Parlement. A la suite des actes religieux de la paroisse pour l'année 1775, il consigne quelques observations touchant les réparations du chœur de l'église faites le 20 octobre 1775, et constate notamment « qu'il n'a point été appelé à la visite des réparations, lesquelles ont été faites d'après les ordres de l'abbé de Cîteaux, achevées et reconnues par le sieur Baudot, éscuier et forain d'Ouges. » Malgré cela l'abbé veut l'obliger à payer sa portion dans la somme de 439 livres, coût des réparations, parce qu'il « jouissait, disoit-il, d'une portion de dixme sur le finage d'Ouges. » Comme bien l'on pense le curé proteste et refuse énergiquement tout paiement. A la fin force fut à l'abbé de Cîteaux de reconnaître par « une lettre écrite au sieur Baudot, que le curé d'Ouges ne devoit rien pour les réparations en question, et que la portion de dixme dont il jouit est pour lui servir de portion congrue.... »

Une autre fois, sommé par les sieurs Jacques Magnien, avocat à la cour, bailly de la justice des terres et seigneuries de Cîteaux; François Guiard, procureur au Parlement de Dijon et Jean Robelot, procureur aux Cours royales de cette ville, greffier de la justice de l'abbaye de remettre le registre de la fabrique, Bénigne Descombes, ne voulut pas le donner. Voyant qu'ils n'obtiendraient rien du desservant, ces personnages, chargés de vérifier les recettes et dépenses de la fabrique, conformément aux dispositions de l'arrêt du Parlement du

1. Arch. de la Côte-d'Or, H. 482.

17 décembre 1772, s'adressèrent aux fabriciens. L'un d'eux, Jean Goillot, se chargea de les introduire à nouveau auprès du curé et de plaider leur cause ; il se fit même accompagner de plusieurs habitants parmi lesquels nous remarquons Jacques Fagot (un nom prédestiné !) garde des bois et seigneurie d'Ouges, Léonard Michaut, sergent de la justice, Philippe Cornemillot. Ainsi escortés, le fabricien et les délégués chargés de vérification allèrent réclamer le registre. Mais malgré toutes les bonnes raisons qu'on lui fit valoir, le curé ne voulut consentir à rien. Ils furent donc forcés de quitter le presbytère sans avoir pu obtenir satisfaction. Toutefois le 23 août 1784, à l'issue de la tenue des grands jours, les délégués signèrent, avec les habitants d'Ouges requis par le fabricien Goillot, un procès-verbal dans lequel il est fait mention du refus du curé de satisfaire à l'arrêt du Parlement.

L'année suivante, le 29 août, et toujours à l'issue de la tenue des grands jours, les mêmes commissaires se transportèrent de nouveau à l'église et au ban d'œuvre pour procéder à l'audition des comptes de la fabrique. Ils constatèrent qu'à la suite du dernier compte fait, le 16 avril précédent, le sieur curé avait écrit : « Je soussigné, curé d'Ouges, proteste contre ledit procez-verbal, attendu qu'il est contre mes droits. A Ouges, le 18 may 1785, Descombes, prêtre curé d'Ouges. »

Sur les réquisitions du procureur général au Parlement, le curé fut mandé le 13 juin 1786 pour rendre compte de sa conduite et des motifs qui l'ont poussé à insérer des protestations à la suite des comptes de fabrique. Enfin il lui fut enjoint d'avoir à se conformer au règlement du Parlement (1).

La solution de toute cette procédure nous est incon-

1. Arch. de la Côte-d'Or, G. 620.

nue ; peut-être n'y en eut-il pas, ces affaires-là finissaient souvent en ne finissant pas.

§ 6. — *Droit de patronage et nomination à la cure d'Ouges.*

Du 10 janvier 1607 au 8 mai 1613 il n'y a, sur les registres de la paroisse, qu'un seul acte de baptême et encore fut-il administré par le curé de Longvic. Cela prouverait qu'il n'y avait ni curé ni vicaire à Ouges, à cette époque. En 1613, messire Philibert Dubuisson, qui était pourvu de la cure, s'en démit la même année. Au dire des religieux de Cîteaux, il est vraisemblable que c'est depuis ce temps que l'évêque de Chalon est en possession de pourvoir à la cure (1). Cependant ils reconnaissent que saint Léger, évêque d'Autun, ayant légué, en l'an 653, la cure d'Ouges du diocèse de Chalon-sur-Saône, à ses chanoines, le chapitre d'Autun présenta à ce bénéfice jusqu'en 1586 (2).

Par acte du 30 avril 1620, Cyrus de Thyard, évêque de Chalon, unit la cure d'Ouges à l'abbaye de Cîteaux, à la condition que le curé de ce village verse chaque année aux moines soixante sols pour droit de patronage « avec les décimes ordinaires et extraordinaires et droit de sinode ». L'abbé et la communauté acceptèrent les lettres d'union de la cure, le 11 mai suivant, et cette acceptation fut enregistrée au greffe de l'officialité de Chalon, le 13 mai. L'abbaye prit possession de la cure le 29 juin 1620.

Après la démission de Philibert Dubuisson, Dom Demarques, administrateur des revenus de l'Abbaye dans la terre d'Ouges, fut pourvu de la cure le 3 juillet 1613 et prit possession le 22, du consentement de

1. Arch. de la Côte-d'Or, H. 478.
2. Arch. de la Côte-d'Or, H. 480.

l'abbé de Cîteaux en date du 13 du même mois ; ce religieux ayant été retiré d'Ouges et envoyé par son supérieur à Gilly, fit démission de sa cure entre les mains de l'évêque de Chalon. C'est alors que ce dernier, fort embarrassé, chargea l'abbé de Cîteaux d'unir et annexer tous les revenus et émoluments de la cure à la mense abbatiale de Cîteaux, à charge par ledit abbé de faire administrer les sacrements aux paroissiens. L'évêque de Chalon supprima même le titre de curé d'Ouges.

En conséquence d'un acte capitulaire du 27 juin 1620, Dom Demarques installa, deux jours après, son confrère Pierre Regnault à la cure d'Ouges. Sa prise de possession est constatée pardevant notaire à Dijon. L'abbé de Cîteaux, qui se considérait comme le véritable curé, fit desservir l'église d'Ouges par des religieux pendant vingt-cinq ans.

Le dernier prêtre régulier que l'on trouve à la tête de la paroisse est Dom Claude Derequelene, qui paraît avec le titre de vicaire. Ayant été rappelé par l'abbé de Cîteaux qui l'envoya prieur dans l'abbaye de Montpereux, en Auvergne, il eut comme successeur « en ladite vicairie d'Ouges » Messire Claude Lebeault, prêtre séculier.

Bien que le chapitre d'Autun ne semble pas avoir entamé de procès avec les abbés de Cîteaux au sujet du droit de patronage et de nomination à la cure d'Ouges, il ne s'en désintéressait nullement. La note que voici, curieuse à plus d'un point de vue, et que le curé Rollet intercalait entre deux actes sur le registre de catholicité de la paroisse, le prouve assez (1) :

« Le 27 août 1722 je soussigné fut à Autun pour recevoir une nomination à ma cure d'Ouge de la part de M^{rs} du chapitre Saint-Lazare, en conséquence d'un

---

1. Arch. communales d'Ouges. — Les registres de l'Etat civil d'Ouges ne remontent qu'à l'année 1674. Ceux dont il est parlé, au commencement de ce paragraphe, n'existent plus.

expédient enrre M. l'abbé de Cîteaux et M^rs^ dudit chapitre par lequel il est dit que la nomination à ladite cure
appartiendra audit chapitre le cas y échéant, et le 4 septembre 1722 je fus à Chalon prendre un [second
visa ?] et cependant je ne fis point de deuxième prise
de possession de ladite cure. Ce fut le s^r^ Hermille curé
à présent de Corcelles-les-Monts qui fit scavoir à M^rs^
d'Autun qu'ils avoient droit de nomination et M^rs^ les
chanoines trouvèrent en effet des titres qui leurs firent
cognoistre que plusieurs curés d'Ouges avoient été
condamné à payer un droit de patronage audit chapitre
qui consistoit en huit livres de cire et 33^s^ 4^d^ tous les
ans. Ils m'obligèrent en 1723, de faire une reconnaissance de ce prétendu cens et je ne payé qu'au mois de
mars 1725, 24 livres de cire et 5 livres en argent. Voilà
l'obligation qu'auront désormais mes successeurs ! Aud.
s^r^ Hermille j'ay fait humainement tout ce que j'ai pu.
J'ay employé le vert et le sec pour exempter les curés
d'Ouge de cette malheureuse servitude, je n'ai pu en
venir à bout. Mes successeurs pardonneront comme je
le fait à M. le curé de Corcelles et prieront Dieu si leur
plaît pour le repos de mon âme et la sienne.... Rollet,
curé d'Ouge. »

Cette note est assez éloquente par elle même et peut
se passer de commentaire.

§ 7. — *Liste des curés d'Ouges.*

On ne trouve pas de curé dans cette paroisse antérieurement à la fondation de Cîteaux ; tous ceux que
nous avons rencontrés lui sont bien postérieurs. Un document officiel de 1666 nous apprend, du reste, que
l'abbé de Cîteaux est curé primitif d'Ouges.

Nous ne nous dissimulons pas que plusieurs lacunes
se trouvent dans la liste, que nous allons donner surtout en ce qui concerne les curés avant le xviie siècle,

mais malgré toutes nos recherches, il nous a été impossible de les combler.

En 1272 il y avait un curé à Ouges : nous ignorons son nom.

Odo Chatelain, de Dijon, de 1326 à 1353, date de sa mort à Ouges où il succomba des suites d'une agression dont il fut victime.

Odon, en 1355 et déjà probablement depuis 1353. Un Odon d'Ouges avait fondé une chapelle à la Sainte-Chapelle de Dijon.

Jean Gallois figure en 1358.

Hugon Garin, d'Autun, en 1364 ; il était encore curé en 1371.

Pierre de Laur, en 1390.

Pierre Phisot, alias de Layher, en 1404, date à laquelle paraît son successeur.

Girard Christophelet qui n'était déjà plus curé en 1407, époque où l'on voit :

Guy le Fourneret (1).

Jean Lalemand en 1415. Il avait été curé de Longvic.

Mathé, de Charolles, en 1418.

Jean Pinot, en 1427.

Guillaume Thiebaudot, en 1469.

Oudet Bedey, cité dans une pièce de 1575.

Philibert du Buisson, en 1613, date à laquelle il se démit de la cure.

André Duchaine, en 1642.

Claude Lebault, en 1655. Ses lettres de provision sont du 20 mars. Il fut destitué par l'abbé de Cîteaux le 9 mai 1659. Cependant,

Pierre Martin était en place en 1656.

Antoine Decouvenne, prêtre du diocèse de Clermont-en-Auvergne, est considéré comme le successeur de Cl. Lebeault ; il mourut en fonction en 1670.

---

1. Messire Guy Baillart, curé de Longvic, lui avait amodié sa cure qu'il desservait conjointement avec Ouges.

François Pidancier, prêtre du diocèse de Langres, obtint des provisions pour la cure d'Ouges, le 20 août 1670. Il fut paisible possesseur jusqu'en 1677 qu'il se démit volontairement entre les mains de l'abbé Petit. Ce dernier conféra, la place le 6 juillet 1677, à

François Dominique Mottet, clerc du diocèse de Paris, lequel ayant obtenu son visa de Mᵉ Louis Bernard Quarré, vicaire général de Chalon, le 26 mars 1678, prit possession le 14 mai suivant par procuration (1).

Cl. Bolle desservit la paroisse de janvier à décembre 1679.

F. D. Mottet résigna en 1681 entre les mains du pape en faveur de :

Pierre Jacquemin qui administra la paroisse jusqu'à sa mort arrivée le 24 septembre 1719. L'abbé de Cîteaux offrit la place à son neveu :

Thibaut Gaspard Rollet, ancien curé de Mitreuil. Un prêtre nommé *Hermille*, desservant Soirans, nommé par l'évêque de Chalon, prit aussi possession de la cure. Hermille fut pourvu de la paroisse de Corcelles-les-Monts et Rollet qui resta seul possesseur jusqu'à la fin de 1734 décéda mépartiste de l'église Saint-Nicolas de jon, le 10 novembre 1763.

Antoine Sage, du diocèse de Dijon, de 1734 à la fin de 1773. Il résigna à

Bénigne Décombes, du diocèse de Dijon, qui signe quelques actes religieux en 1772, mais figure régulièrement comme curé de 1773 à 1790 et de 1797 à 1803.

Pierre François Saget, capucin, devint curé constitutionnel d'Ouges.

Ici devrait s'arrêter notre liste, cependant nous pensons être agréable à nos lecteurs en la continuant jusqu'à nos jours.

Ouges, qui avait conservé son titre de cure sous le

1. C'est Mᵉ Joseph Foulet, prêtre sacristain de l'église Saint-Etienne de Dijon, pourvu d'une procuration datée du 18 septembre 1677, qui prit, pour Mottet, possession de la cure d'Ouges.

nom de succursale en 1803, le perdit peu de temps
après pour ne le recouvrer qu'en 1855; il n'eut un curé
qu'en 1862.

Jacques Blenne, nommé en 1803, ne paraît pas avoir
résidé.

Jean-Baptiste Pacol, Dijonnais, ancien curé de Saint-
Sauveur, y fut curé de 1803 à sa mort le 12 septembre 1804. Depuis cette époque jusqu'en 1862, l'église fut
desservie par les curés de Longvic.

Alexis Clément fut curé d'Ouges de 1862 au 2 février
1884, date de sa mort. Nous rapportons au § 9 l'inscription gravée sur sa pierre tombale. Son successeur le desservant actuel est :

M. l'abbé Jean Champin, curé depuis 1884 ; né dans
le diocèse de Lyon, il a été ordonné prêtre en 1864.

§ 8. — *Le Presbytère d'Ouges.*

L'ancien presbytère d'Ouges était voisin de l'église ;
ce devait être un bâtiment sans dépendances. L'abbé
Pierre Jacquemin avait fait construire à côté une
maison qui, nous l'avons dit, fut léguée par lui à la
fabrique de l'église, à charge d'y loger le recteur d'école.
Son successeur Bénigne Décombes mit cette condition,
lorsqu'à propos de cette maison, il passa une convention avec le maître d'école : « qu'on lui laisse le four
de l'habitation toute et tant de fois que bon lui semblera », et qu'on lui héberge des tonneaux vides en telle
« quantité qu'ils soient, etc. »

Les habitants d'Ouges devaient meubler le presbytère
et le curé était tenu d'y faire les réparations locatives.
A son arrivée à Ouges, Messire Girard Christophelet,
averti de cette obligation, se plaint amèrement de ce
que son prédécesseur défunt a laissé la cure en mauvais
état ; sans perdre de temps il attaque ses héritiers et

les somme de faire le nécessaire pour que la cure soit
habitable. Mais il transigea avec eux, car nous avons
un acte par lequel il renonce, moyennant indemnité,
aux poursuites commencées contre les héritiers de
« Messire Pierre Phisot, alias de Layher, jadis chorial
de la Sainte-Chapelle et curé d'Ouges », pour réparation
du presbytère que ledit Phisot avait laissé tomber en
ruine (1).

En 1427, messire Jean Pinot, prêtre curé d'Ouges,
reçoit de Thomas Maingnon, maire du lieu et des paroissiens 20 livres tournois (la livre comptée pour 20 sols
et le sol pour 12 deniers) « qu'ils lui baillent pour mettre et convertir en ustencils de la maison du presbitère
du dit Ouges ». Les habitants entendaient par « ustencils »
la batterie de cuisine les « pos », lit, « linceuls » et autre
chose « qu'hostel doit avoir ». Tous les meubles et objets de cuisine ou de literie devaient rester à la cure ;
c'est pourquoi le curé promet que s'ils ne sont pas re-
trouvés lorsqu'il quittera la paroisse, il devra rendre
aux habitants la somme de 20 livres qui sera employée
pour convertir « es ustencils du presbytère » au profit de
ses successeurs (2).

Pourtant au milieu du xviie siècle le curé n'était
plus tenu d'entretenir le presbytère. Les charges ordinaires des habitants, lit-on dans un document de cette
époque, sont l'entretien de l'église et de la maison curiale. Le 23 novembre 1723 les sieurs Gauthier et Mine-
lot, architectes à Dijon, visitèrent la cure d'Ouges « afin
d'y voir ce qui estoit necessaire a y construire et réparer »; leur rapport portait que pour rendre la maison
curiale logeable « il falloit y faire une chambre de
15 pieds dans œuvre au quarré joignant la cuisine jus-
que sur le cimetière, etc... » Les habitants furent con-

---

1. Arch. de la Côte-d'Or, B. 11. 322.
2. Arch. de la Côte-d'Or, B. 11. 339. — Bibl. des Arch.; mss., n° 98,
t. II, p.264.

damnés à payer au curé la somme de 600 livres « qu'il devait employé aux réparations urgentes de la cure » (1).

L'ancien presbytère fut démoli en 1857.

§ 9. — *Le cimetière d'Ouges.*

De temps immémorial le cimetière paroissial d'Ouges se développe au pourtour de l'église; il s'étend sur le devant et à gauche de cet édifice et occupe un emplacement relativement restreint.

Il y a évidemment d'anciennes tombes dans cette petite nécropole, mais les intempéries du temps, aussi bien que les mousses les ont usées peu à peu et les inscriptions qui les recouvraient sont depuis longtemps effacées. Sans doute celles de Messire Pierre Jacquemin, enterré proche la petite porte de l'église, de l'abbé A. Decouvenne et de l'abbé Pacot que nous aurions aimé à relever, ont subi le sort commun. Devant la porte, où nous pensions rencontrer la tombe de P. Jacquemin, on foule une pierre où se trouvent deux inscriptions que nous n'avons pu lire qu'avec beaucoup de difficultés :

CI

GIT

HONNESTE JEANNE

D........ MERE

DE MAISTRE PIERRE

JACQVEMIN CVRÉ

DOVGES QVI DECEDA

LE 3 IVILLET

... 97 ?

PRIEZ DIEV

POVR ELLE

1. Arch. communales d'Ouges (reg. de l'Etat civil).

CI GIT

MAITRE ANTOINE

FRANÇOIS SAGE

CVRÉ DOVGE QVI

DECEDA LE... (*sic*.)... (1)

LECTEVR IL ME FAVT

VN REQVIESCAT

IN PACE

Voici l'épitaphe de l'abbé Clément, le prédécesseur du desservant actuel, qui mourut à Ouges, en 1884, comblé de bénédictions. D'ici à quelques années,l'inscription que nous allons transcriresera,si l'on n'y prend garde, tout à fait illisible :

CI GIT

ALEXIS CLÉMENT

PRÊTRE

NÉ A ESSAROIS LE 28 FÉVR^ER 1833

ORDONNÉ LE 19 7BRE 1857

SUCCESSIVEMENT VICAIRE DE MEURSAULT

CURÉ DE ST-GERMAIN DE MODEON

ET D'OUGES

QU'IL ADMINISTRA AVEC SAGESSE PENDANT 22 ANS

ET OU IL EST MORT

VICTIME DE SON DÉVOUEMENT PASTORAL

LE 2 FÉVRIER 1884

EMPORTANT LES REGRETS UNANIMES DE SA FAMILLE

DE SES PAROISSIENS

ET DE TOUS CEUX QUI L'ONT CONNU

.   .   .   .

1.   On a laissé l'espace en blanc, rien n'a été gravé à cet endroit

Une humble croix de bois posée sur la sépulture d'un autre prêtre étranger au diocèse et mort à Préville nous apprend que cet ecclésiastique s'appelait :

L'ABBÉ TRELAT ÉMILE
DÉCÉDÉ A L'AGE DE 45 ANS LE 19 AVRIL 1893.

Dans les temps anciens, la paroisse d'Ouges a fourni des prêtres ; il est bon de rappeler qu'en 1326, un sieur Jacques Maulpan, d'Ouges, était prêtre recteur de l'église de Broignons.

Il y a dans un angle du champ de repos plusieurs pierres tombales à la famille de Breuvand. On remarque entre autres celle qui porte cette inscription :

CY GIT

M. PIERRE GAUTIER

DE BREUVAND, ÉCUYER

DÉCÉDÉ A DIJON

LE 14 OCTOBRE 1828

AGÉ DE 58 ANS

HOMME DE BIEN

BON ÉPOUX ET BON PÈRE

IL EMPORTE LES REGRETS

DE TOUTES LES PERSONNES

QUI L'ONT CONNU

—

PRIEZ POUR LUI

Enfin, il est encore une tombe qui n'appartient ni à un ministre de la religion, ni à un descendant d'une noble famille, et qui cependant est entourée de la part des habitants d'Ouges d'autant de vénération et de respect. Nous lisons en effet en haut du monument :

AU DOCTEUR CORNEMILLOT

SES CONCITOYENS ET SES

AMIS RECONNAISSANTS

Puis plus bas, sur la pierre qui recouvre la sépulture :

ICI REPOSE

PIERRE CORNEMILLOT

DOCTEUR EN MÉDECINE

DÉCÉDÉ A OUGES LE 28 8bre 1879

DANS SA 82e ANNÉE

Il vivra toujours dans le cœur de ses
enfants et petits-enfants.

Lorsque nous avons demandé où se trouvait la sépulture du Dr Cornemillot, c'est presque les larmes aux yeux que notre cicerone nous a conduit au centre du champ de repos, à l'endroit où gît cet honorable praticien, dont on parlera longtemps à Ouges. Sa mémoire vivra parce qu'il a aimé l'humanité : *Homo sum, et nihil humani a me alienum puto*, je suis homme, et rien de ce qui touche à l'humanité ne doit m'être étranger (1). Quand on règle sa vie sur un tel axiome et que toujours dévoué et serviable, on ne compte pour rien les fatigues et les sacrifices, on peut être assuré que les regrets des hommes survivent à la mort.

A Ouges, il faut le dire à la louange des habitants, on a le culte des morts et l'on se fait un devoir de la bonne tenue de leur tombe. Peut-être pourrait-on trouver que les allées du cimetière ne sont pas aussi bien soignées. Mais à part cette légère critique rien ne choque les regards ; c'est bien là le champs de la mort, considéré comme le centre commun et tout à la fois le foyer des plus tendres et des plus douloureux souvenirs, comme aussi l'école suprême des plus salutaires leçons. Tant il est vrai :

> Que nos jours sont tissés de pleurs
> Et que chaque joie est suivie
> D'un long cortège de douleurs.

1 Ces paroles se trouvent dans la bouche de Chrèmès, l'un des personnages d'une comédie de Térence.

6

La croix de station du cimetière a été érigée par la fabrique le 23 mai 1834.

Troisième Partie

OUGES DEPUIS L'ACQUISITION DES MOINES DE CITEAUX
JUSQU'A LA RÉVOLUTION

CHAPITRE PREMIER

LE CHATEAU D'OUGES A TRAVERS LES SIÈCLES.

§ 1. — *Ouges acquis par les religieux de Cîteaux.*

Déjà possesseurs de quelques droits à Ouges, les moines cisterciens pensèrent à acquérir la totalité de la seigneurie. On sait que la famille de Guillaume de Champlitte, vicomte de Dijon, était propriétaire de la partie du domaine la plus importante ; c'est donc avec elle que les religieux traitèrent pour l'achat de cette terre. On conserve aux archives du département de grandes et belles pièces, sur parchemin, concernant l'acquisition de la terre et seigneurie d'Ouges par l'abbé et les religieux de Cîteaux (1).

1. Arch. de la Côte-d'Or. Fonds de Cîteaux, H. 480.

L'une d'elles nous apprend que c'est le 25 mars
1225/6 que la seigneurie d'Ouges, avec toutes ses
dépendances, fut vendue « à M. M. de Cisteaux » par
« Odo de la Marche, fils de Guillaume, vicomte de
Dijon... pour le prix de 1000 marcs d'argent. La dite
seigneurie comprend dans ses dépendances la Maison
Dieu et le quartier de l'Eglize avec toutes les terres,
preys, bois et choses quelconques, avec le bois de la
forêt... toutes les dixmes plus 4 septiers que la chapelle
du vicomte de Dijon percevait sur Ouges... » On ex-
cepte de cette vente les terres « à Huguelet de la Corvée
escuyer qui seront portant de la justice des vénérables, à
condition que ces derniers feront ratifier à Mgr le
Duc la vente que dessus est, et si ladite seigneurie
vaut davantage ledit Odo donne le surplus en aumône
aux vénérables abbés de Cîteaux... »

Ainsi que l'avait demandé le vendeur les Cisterciens
s'empresssèrent de faire approuver leur acquisition.
L'évêque de Chalon la confirma au mois d'avril 1225/6.
L'année suivante, le 6 janvier 1226/7, Alix, duchesse de
Bourgogne, et Guillaume de Vergy, sire de Mirebeau,
ratifièrent « l'acquisition faite par Messieurs de Cîteaux
de la terre et seigneurie d'Ouges sur Odo de la Marche,
fils de Guillaume de Champlitte... »

Quelques années plus tard un accord est passé, en
présence de la duchesse, entre le vicomte de Dijon
et les religieux de Cîteaux relativement aux droits
des hommes d'Ouges. Aanor ou Eléonore (de Grancey),
femme de Guillaume de Champlitte, et Eudes, seigneur
de Lamarche, frère de Guillaume, mettent leur appro-
bation à cet acte daté du château de Talant, 1231,
août (1).

On trouve à la date de 1231 (septembre) la promesse
faite, en présence de la duchesse de Bourgogne, par

---

1. E. Petit, *Hist. des Ducs de Bourg.*, t. IV, p. 257.

Guillaume de Champlitte, vicomte de Dijon, à l'abbé et
aux religieux de Cîteaux, de ne point « recevoir chez
luy les sujets d'Ouges qui pourroient quitter lesdits de
Cîteaux ». Bien que l'acte d'acquisition n'en fasse point
mention, il semblerait, à la lecture de la phrase qui
précède, que le vendeur se serait réservé une portion de
la terre d'Ouges.

§ 2. — *Ce qu'il faut entendre par le Château d'Ouges.*

Il n'y a jamais eu à proprement parler de Château à
Ouges. Les moines de Cîteaux, lorsqu'ils furent en possession de la totale justice du lieu, songèrent sans doute
à y construire une habitation à laquelle on pût au moins
donner le nom de château. Mais pour une cause quelconque elle ne fut pas édifiée, car ni l'histoire ni la tradition ne nous en a conservé le souvenir.

Cependant si les religieux seigneurs d'Ouges n'ont
pas une habitation qui ressemble par quelque côté à
un manoir féodal, du moins ont-ils, au pays, une
maison spacieuse qui comprend dans ses dépendances
une grange assez vaste pour pouvoir y renfermer les
produits de la dîme. C'est là du reste qu'habite le religieux chargé de la bonne gestion du domaine et que se
trouve la prison. A défaut d'apparence extérieure, cette
construction en porte — intérieurement il est vrai — tous
les signes, puisqu'elle sert de logis au représentant du
seigneur et qu'elle cache le lieu où l'on enferme les
accusés et les condamnés. Il n'en faut par conséquent
pas davantage pour faire considérer et appeler cette
maison par les habitants d'Ouges, *le Château.*

J. Bouchu, intendant de Bourgogne, en conformité
de l'ordonnance royale du 7 août 1664 et de l'arrêt du
conseil d'Etat du 7 août 1665, ordonna qu'il fût fourni,
d'après les procès-verbaux dressés dans chaque localité

par les subdélégués, les déclarations des biens, charges, dettes et statistique des communautés de la généralité de Dijon. De ce grand travail nous extrayons le passage suivant qui se rapporte à notre sujet et nous renseignera suffisamment sur l'origine de la maison seigneuriale des religieux de Cîteaux à Ouges (1) :

« Le village d'Ouge se compose de 24 maisons assez écartées les unes des autres et de la maison seigneuriale *qui a été autrefois une abbaye de religieuses bernardines qui sont présentement dans le comté de Bourgogne* (2). Il n'y a point de fief, n'y hameaux qui en dépendent.

« Le sieur abbé de Cîteaux en est seul seigneur, c'est Claude Vaussin, docteur en théologie, premier conseiller né au Parlement de Dijon, qui est bon religieux et d'une bonne vie exemplaire. Les habitants ne s'en plaignent point (3).

« La paroisse relève du roy mais elle est amortie en toute justice haute, moyenne et basse sous le titre de simple seigneurie. Elle est amodiée et consiste en 300 journaux de terre labourable, en dixme, taille seigneuriale, cens en nature et en argent et autres droits seigneuriaux.... »

De tout ce qui précède nous ne retiendrons qu'une chose, c'est que la maison seigneuriale d'Ouges ne serait autre que l'ancienne habitation des Bernardines. Voilà pourquoi les commissaires délégués, en 1790, pour la recherche des biens nationaux dans notre province,

---

1. Arch. de la Côte-d'Or, C. 2882.

2. Il n'est fait aucune allusion au domaine possédé par ces religieuses à Ouges, dans le *Mém. hist. sur l'abbaye de Baume-les-Dames*, par l'abbé L. Besson [Bibl. de Besançon, 1581 c].

3. Claude Vaussin, né à Corsaint (Côte-d'Or), en 1606, fut abbé et général de l'ordre de Cîteaux, le 10 mai 1645, après la mort du cardinal de Richelieu ; il portait de Cîteaux écartelé de Vaussin : *d'azur à un chevron d'or, accompagné en chef de deux glands de mesme et en pointe d'une rose d'argent surmontée d'une estoile d'or* (Palliot, *le Parlement de Bourg.*, p. 114-115). Cl. Vaussin mourut au Petit-Cîteaux, après une courte maladie, le 1er février 1670 et fut enterré dans le sanctuaire de on église abbatiale, du côté de l'évangile.

donnent à cette construction le titre de « château de l'Essart *l'Abbaye*, maison seigneuriale des Cisterciens à Ouges, ci devant Ouges le Grand ».

Les Bernardines, transférées à Baume, au diocèse de Besançon, avaient en effet à Ouges des propriétés avec bâtiments, granges et dépendances. Les religieux de Cîteaux, à une date qui nous est inconnue, s'entendirent avec elles pour pouvoir jouir de leur domaine et firent de la maison l'habitation seigneuriale. L'abbé payait chaque année aux dames de Baume-les-Nonnes une redevance fixée à 10 livres viennoises ; on conserve des reçus de cette somme donnés par les abbesses de Baume depuis 1327 à 1674. En 1675 l'abbé de Cîteaux verse 25 livres seulement pour trois années échues au terme de la Toussaint, parce que, est-il dit sur la quittance de 1680 « dix livres viennoises ne valaient plus que 8 livres 6 sols 8 deniers (1). »

On trouve dans les protocoles de Pierre de Dommartin, notaire (1397-1399), certains renseignements qui sembleraient indiquer que *l'Abbaye*, c'est-à-dire les bâtiments auxquels nous donnons ce nom aujourd'hui, auraient été construits par les Cisterciens. Il y a donc tout lieu de croire que le terrain sur lequel les moines ont édifié des constructions appartenait primitivement à des Bernardines. Quant à savoir si ces religieuses y avaient eu anciennement un couvent, comme Bouchu et Courtépée nous le donnent à entendre, c'est là une question à laquelle il n'est guère possible de répondre historiquement. Ce qui paraît certain, c'est qu'il y avait des granges et autres constructions que l'abbé de Cîteaux dut faire disparaître à la longue et qu'il remplaça par d'autres. On lit cette note dans un registre de Pierre de Dommartin «... marchié fait avec révérend Père en Dieu Monseig^r de Cisteaux et au nom de lui et son couvent, avec Guy d'Arc-sur-Tille demeurant à Talant et

_____
1. Arch. de la Côte-d'Or, H. 480. — Quatre deniers valaient un sou.

Jehan de Beaulne demeurant à Dijon, tous deux char-
pentiers, à charge d'édifier *une grange en leur hostel de
Ouges, entre quatre murs ou anciennement estoit la
grange dudit hostel* (1)... »

Les *Itinéraires de Philippe le Hardi,* publiés il y a
quelques années par M. Ernest Petit font mention que
le jeudi 28 octobre 1367 le duc fut « disner à la grange
d'Ouges, souper et gister à Rouvre. »

Les constructions de l'Abbaye forment à présent
deux principaux corps de bâtiment dont une très
vaste grange et une maison d'habitation spacieuse qui
peut remonter aux dernières années du XVIIe ou au commencement du XVIIIe siècle. Dans cette demeure, on
remarque une plaque de cheminée aux armes de l'abbé
de Cîteaux, Dom François Trouvé, né à Champagne-
sur-Vingeanne (Côte-d'Or), en 1716, docteur en théologie de la Faculté de Paris, élu abbé général de
l'ordre le 25 novembre 1748, mort à Vosne le 6 mai 1797
et qui portait *d'azur au chevron d'or accompagné de
trois trèfles d'argent.* Ses armoiries sont soutenues par
deux oiseaux. Signalons aussi un beau plan de la terre
d'Ouges dont nous parlerons tout à l'heure et qui date
de 1725 (2). Près des bâtiments de la ferme de l'Abbaye,
exploitée par son propriétaire, M. Perreaux-Quillardet,
maire d'Ouges, se trouve le climat dit des Essarts. Quelques constructions qui l'avoisinent sont encore appelées
les *Essarts de l'Etang.* Il y avait autrefois un moulin entre
ces deux propriétés et proche d'un ruisseau au bord du
chemin de Chevigny-Fénay. On reconnaît facilement
aux plis de terrain l'emplacement qu'occupait le bief.

Une tradition locale rapporte que les Cisterciens
avaient pratiqué un souterrain qui communiquait de
l'Essart à leur monastère.

1. Arch. de la Côte-d'Or, B. 11.313, reg., p. 101-102.
2. Nous avons appelé l'attention de la Commission des antiquités de
la Côte-d'Or (Séance du 1er juin 1897) sur ces deux curiosités que
M. le maire d'Ouges a eu la complaisance de nous faire voir.

§ 3. — *Maisons fortes ayant appartenu aux anciens seigneurs d'Ouges.*

L'une de ces maisons fortes nous est déjà connue : Simonin de Mailly en tenait la moitié en fief du duc de Bourgogne en 1304. Un document antérieur nous parle de la « motte forte de Mailly » et du château d'Ouges : Hugues de Malimont, est-il dit dans une pièce de février 1268/9, confesse tenir en fief de Messieurs de Cîteaux les héritages ci-après dénoncés situés à Ouges : « une pièce de terre lieu dit *En Assarenai*, proche Jean de Maillé (c'est Mailly), une autre *En Charère Quartier*, proche la terre de Marie de Corvée ; une troisième devant le *Château*, proche Jean de Maillé ; enfin la quatrième partie *d'une motte dans laquelle la maison et la tour* dudit Maillé sont situées (1)... » Cette famille avait même donné son nom à une portion de la terre d'Ouges ; les de Xainctonge possédaient, au XVIe siècle, *Es Grands Champs de Mailley*, six quartiers, en deux pièces, semés de froment.

Guy Rabby, doyen de la chapelle du duc dit, en 1365, qu'il a acquis de la femme Simonnot Roussot, de Fouchange, une *motte* assise au finage d'Ouges, proche la *Motte* de feu Jean de Boncourt. A cet ecclésiastique, alors chanoine de la Sainte-Chapelle, appartenait, en 1350, une maison de la rue Chabot-Charny portant le n° 38, voisine de celle au Singe, acquise en cette même année pour y établir les services municipaux et dans laquelle se tenaient les écoles de la ville avant

1. Il y avait outre cela des terres aux climats : du *Trembloy* ; sur *le Chemin de Canabis* ; en *Espenoy* ; au *Petit Champ Poirier* ; au *Preylevé*; en *Long Crais* ; à la croix de *Longvic* ; *Ez Plantes*, etc., etc. (Arch. de la Côte-d'Or, H. 480). Ajoutez ces noms aux lieuxdits d'Ouges (V. 1re partie, chapitre I, § 4).

d'être transférées, en 1340, du cloître de la Sainte-Chapelle à l'hospice Saint-Fiacre, qui était sous la juridiction de la collégiale.

Haimonin de Boncourt, à qui avait appartenu le petit manoir construit sans doute sur la motte dont parle Guy Rabby, prétendait que ses hommes et héritages d'Ouges ne dépendaient nullement de la justice de Cîteaux. Il fut débouté de ses prétentions « par sentence du bailly de Dijon en date du 4 mars 1322 anc. style) 1323 nouv. style)... (1) »

On sait que ces *mottes* étaient, pour la plupart, des lieux fortifiés où les paysans avaient droit de refuge lorsque les ennemis ou les écorcheurs désolaient le royaume et partieulièrement la Bourgogne ; les seigneurs s'y réfugiaient eux-mêmes en cas de surprise et y cachaient ce qu'ils avaient de plus précieux.

Nous voudrions pouvoir dire entre les mains de qui les mottes d'Ouges, dont nous venons de parler, ont passé. Nous trouvons bien, dans les documents des XIIIe et XIVe siècle, plusieurs familles susceptibles de reprendre de fief les propriétés des Jean de Mailly, Jean de Boncourt, Hugues de Malimont ou Guy Rabby. Il est certain par exemple que Jeanne, fille de l'écuyer Hugues de Malimont, avait des biens à Ouges en 1279/80 (pièce de février) (2). Hugues d'Ouges, écuyer, laisse en mourant des biens à ses enfants : Girard, Jean et Huguette qui reconnaissent en 1279, tenir en fief des religieux de Cîteaux « ce qu'ils ont et peuvent avoir ez lieu et finage d'Ouges.... » Une famille de Domois possédait des biens à Ouges vers cette époque et bien antérieurement Thibaud de Semur, pannetier de la duchesse de Bourgogne, avait aussi un petit domaine « en terre, maisons, vignes, meubles, etc., » qu'il donna à Cîteaux en 1262 (1262 mars). Un Guiot Billon, d'Ouges, écuyer, y possède des biens et confesse, en novembre 1335, qu'il

1 et 2 Arch. de la Côte-d'Or, H. 480.

doit des dîmes à Cîteaux. A une date qui ne nous est pas connue, Isabelle, fille de feu Pierre Despernay, chevalier, et femme de Bertrand de Nades, écuyer, donne à Cîteaux tout ce qu'elle avait à Ouges et à Savouges (1). Jeanne, fille de Jean de Baissey, écuyer, femme de Odo ou Oudot de Nanteu, écuyer, vendit, vers 1395, à Cîteaux, ses maisons et biens d'Ouges (2). Enfin les héritiers de Varanges, jadis bourgeois de Dijon, possédaient encore des propriétés à Ouges en 1420.

Ainsi donc, on le voit, avant et après l'acquisition d'Ouges par les moines de Cîteaux, une certaine quantité de petits fiefs étaient disséminés sur son territoire et en formaient, pour ainsi dire, autant de seigneuries détachées. On a vu dans l'acte de vente la réserve faite par le vendeur en ce qui concerne les terres de Hugues de la Corvée, dont nous allons parler au paragraphe suivant, mais il y avait encore d'autres fiefs ; ceux-ci disparurent insensiblement, car on n'en comptait plus au xviie siècle. Presque tous ces possesseurs d'héritages appartenaient à la noblesse. Etaient-ils tous propriétaires de maisons fortes ou de mottes ? Ce serait témérité de l'avancer, étant donné que les pièces justificatives de la vérité manquent encore à l'histoire.

§ 4. — *Le fief de Hugues de la Corvée à Ouges*

Nous avons vu Hugues, autrement appelé Huguelet ou Hugon de la Corvée, figurer en même temps que le vicomte de Dijon dans les fastes de l'histoire d'Ouges ;

---

1. Arch. de la Côt-d'Or, Peincedé, t. XXV, p. 640.

2. Arch. de la Côte-d'Or, Peincedé, t. XXV, p. 68. — J.-B. Peincedé relate ce qui lui a paru de plus essentiel dans le registre des jours de justice tenus à Ouges par un religieux de Cîteaux « depuis le lundi avant la chaire de saint Pierre 1382, jusqu'au lundi après Pâques 1388 : le penultienne mars 1383, Oudot de Nanteu, écuier, est dit gendre de Jean de Baissey pour une pièce de terre qui devoit tierce audit Oudot à cause de sa femme, en la quarte gerbe. »

nous savons qu'il y possède un fief, qui relève de la justice de Cîteaux. Quel était donc ce personnage ? on l'ignore ! Le titre de la vente de la seigneurie d'Ouges le nomme écuyer, et il était apparemment de race noble. S'il était permis d'émettre une conjecture, qu'aucune preuve n'autorise, nous dirions qu'il tenait les biens dont il était propriétaire à Ouges de Jean de la Corvée, écuyer, qui les avait lui-même acquis, nous ne savons à quelle époque, du vicomte de Dijon, par l'intermédiaire d'un sieur Jean de Crux (1).

Hugues de la Corvée était mort en 1243 et son fief avait passé dans la famille d'Argilly, si nous en croyons un accord conclu, au mois d'août de cette même année, en présence de Lambert de Rouvres, viguier du duc de Bourgogne, entre les religieux de Cîteaux et Aimon d'Argilly, chevalier, au sujet des droits divers au village d'Ouges. Dans cet accommodement écrit en latin nous voyons les Cisterciens « maintenus dans le droit de haute, basse justice et ban sur tout le finage d'Ouges, sur les hommes et les choses... tant des héritiers de Mᵉ Hugon de la Corvée, écuyer, que *d'autres seigneurs qui ont des hommes et des choses dans le territoire d'Ouges* (2)... »

Quelques années plus tard le fief de Hugues de la Corvée est entre les mains de messire Jean de Mailly, écuyer. Comme pour Aimon d'Argilly, les religieux de Cîteaux obtiennent contre lui, le 12 janvier 1268, une sentence en leur faveur, « lesd. de Cîteaux sont maintenus dans le droit de haute, moyenne et basse justice à Ouges, même en tout ce que led. de Mailly avoit à cause de Hugues de la Corvée et de la vente de la seigneurie d'Ouges ». Cette sentence est confirmée par les auditeurs des appeaux, le 2 décembre 1323 (3).

1. Arch. de la Côte-d'Or, B. 10520, Peincedé, t. VII, p. 91.
2.　　　　Id.　　　H. 480.　E. Petit, ouvr. cité, t. IV, p. 338.
3.　　　　Id.　　　H. 480.

En juin 1274 la dame Yolande de La Marche, du consentement de son mari Jean de Mailly, vend à l'abbaye
de Cîteaux toute la dîme qui lui appartient à Ouges et
dans le finage (1). Vers cette époque il y avait à Ouges
une maison forte qui était tenue en fief du duc par un
membre de la famille de Mailly. Le document qui nous
l'apprend est une lettre scellée du sceau encore entier de
Barthélemy du Bois, official de Chalon, de l'an 1304, par
laquelle Simonin de Mailly (de Mailleyo), damoiseau, reconnaît tenir en fief du duc, comme de la mouvance du
vicomte de Dijon, tout ce qu'il a à Ouges près Dijon
(apud Ougias prope Divionem) « sçavoir la moitié de la
maison forte et dépendances..... et ce pour 600 livres (2)... »

Pour en revenir à la famille de la Corvée, disons que
les frères Thomas et Jean de la Corvée ont à Ouges des
héritages qu'ils tiennent de l'abbé de Cîteaux par bail
du 26 mai 1444 (3).

§ 5. — *Ouges sous les seigneurs abbés.*

Nous n'avons pas la prétention de donner, à cette
place, la liste des abbés de Cîteaux, seigneurs d'Ouges.
On peut la trouver dans un certain nombre de recueils
bourguignons et il serait véritablement fastidieux de la
reproduire ici après tant d'historiens. Notre intention
est de rapporter des faits d'intérêt général qui concernent
la seigneurie d'Ouges et ce que nous allons en dire
doit être considéré comme la suite nécessaire et obliga-
toire du précédent paragraphe.

Déjà nous avons laissé à entendre que les religieux de

1. Arch. de la Côte-d'Or, H. 478.
2 .   Id.   B. 10490 ; — Peincedé, t. VII, p. 10.
3   Id.   H. 482.

Cîteaux n'ont pas acquis toute la terre d'Ouges en 1225. A l'appui de notre assertion nous devons ajouter une preuve nouvelle : de 1270 à 1275 les moines font six acquisitions sur divers particuliers d'Ouges, de pièces de terre, cens, tierces, dîmes, etc. Douze autres acquisitions sont encore faites par eux de 1302 à 1328, et celles-ci portent plus particulièrement sur des maisons, meix et vignes (1). Vers 1667 les Cisterciens possédaient un certain nombre de pièces de terres qu'ils désignaient sous le nom de terres de la petite rente d'Ouges et qui, précisément, provenaient d'acquisitions diverses faites en vue d'augmenter le domaine.

Si les religieux de Cîteaux n'ont pas possédé toute la terre d'Ouges, du moins ils en ont toujours eu la totale justice qui ne leur a jamais été contestée. Parfois il est arrivé, nous l'avons vu, à quelques tenanciers de prétendre que leurs héritages n'étaient pas de la justice des religieux, et toujours le bailli de Dijon a donné raison à ces derniers. Le duc de Bourgogne, Philippe, dans un acte du 21 décembre 1370, a soin de déclarer lui-même qu'il ne prétend « ne préjudiciers en aucune façon du droit de justice de M.M. de Cisteaux, à Ouges, quoique les sergens ayent fait plusieurs exploits aud.· lieu. »

Les Cisterciens n'ont donc pas craint de faire insérer dans la légende du magnifique plan que conserve M. Perreaux-Quillardet, dans la maison *de l'Abbaye*, qu'à eux appartenait la totale justice du lieu. Voilà du reste, dans son entier, cette légende : « Plan géométral de la terre et seigneurie Douge apartenante en touttes justices à Messieurs les vénérables abbé, prieur et religieux de Cisteaux. Levé aux mois de feuvrier, mars, avril et may 1725 et dressé en conformité des ordres de Monseigneur Le Révérendissime et Illustrissime Andoche Perrenot, abbé général de l'ordre de Cisteaux par

1. Archiv. de la Côte-d'Or, H. 480.

Bernard Gambut, arpenteur du Roy, à Dijon, soussigné : Gambut (1). »

En tête de cette inscription on voit les armes de Cîteaux accolées à celles d'Andoche Perrenot : *de sable, chargé de trois bandes d'argent, au chef d'azur chargé d'un aigle éployé d'or.* Ce haut dignitaire ecclésiastique, natif de Dijon, docteur en théologie de la Faculté de Paris, mourut dans sa ville natale, le 13 septembre 1748, âgé de 70 ans

Comme nombre de villages du bailliage de Dijon, Ouges eut beaucoup à souffrir des guerres civiles du xvie siècle. Jamais peut-être la misère ne fut plus grande dans les campagnes, alors que la France était ravagée par les factions et armes de tous les partis. Le 15 juin 1593, pendant les troubles de la Ligue, l'artillerie du vicomte de Tavanes, ramenée de Beaune, était à Ouges et les troupes cantonnées aux alentours de la ville font, au dire d'un chroniqueur du temps, infinis dégâts et ravages (2). Les compagnies de Suédois qui traitaient avec tant d'insolences les habitants de nos villages et saccagèrent, sur la fin de 1636, les environs de Dijon, n'épargnèrent pas le pays. En 1645 les habitants se plaignent qu'ils sont « subgetz au logement des gens de guerre » et que ceux-ci leur causent de grands dommages.

Nous pouvons croire ces plaintes justifiées, à la lecture du rapport de Jacques Comeau, lieutenant général criminel ez bailliage et chancellerie de Dijon. Chargé de visiter les communautés de son ressort, il partit de Dijon le 3 mars 1645, accompagné de François Aubert, praticien, qui lui servait de greffier ; cette tournée, commencée depuis le 16 septembre 1644, devait finir le 7 avril 1645. De Longvic, où ils étaient alors le matin du 3 mars, nos visiteurs se rendirent à Ouges. Cédons-leur un instant

---

1. Ce beau plan, restauré avec soin il y a quelques années par un instituteur d'Ouges, mesure 2m25 de long, sur 1m75 de haut.

2. *Journal de Gabriel Breunot* (*Analecta divionensia*), t. I, p. 323.

la parole, leur récit nous instruira suffisamment :

« Le mesme jour, sommes allés à Ouges, appartenant à M. l'abbé de Cîteaux. Jean Salignon, procureur de la communaulté, nous a présenté les roolles, où nous avons recogneu y avoir 25 personnes imposées, sur le pied de 45 livres pour un quartier. Le plus haut est imposé à 6 livres ; les plus bas paient 4, 5 et 6 solz.

« Il n'y a que 8 ou 9 laboureurs qui soient rentiers ; les autres habitans sont manouvriers. La communaulté est si engagée que la plus part des biens des particuliers ont esté vendus pour l'acquittement de partie de leurs debtz. Ilz sont en terme d'establir un double dixme pour sortir d'embarras (1).

« Ilz se sont plainctz d'estre grandement subjectz aux logements des gens de guerre. Ilz eurent encore l'année dernière deux recrues qui leur ont causé de grands interrestz. Ilz ont un four bannal qu'ilz admodient 40 livres du seigneur. Ilz n'ont ny prairies, ny bois, ny aucuns communaulx, les aïant vendus il y a longtemps, ny mesme aucun pasturage ; ilz vont sur le finage de Fénay et Chevigny. Leurs terres sont propres à froment et rendent à leurs maistres cinq mesures par journal.

« Et aïant visitté le village, en présence du dict Salignon, avons recogneu qu'il y a plusieurs maisons et granges qui ont esté abattues par le vent, et qu'il y en a en tout 20 habitées (2). »

Ainsi on le voit c'était une lourde charge pour les campagnes que le logement des gens de guerre : amis ou ennemis étaient également redoutables !

En 1669, lors de l'expédition de Franche-Comté, les armées pillèrent le village d'Ouges.

Dans la crainte de prolonger outre mesure ce paragraphe nous en avons formé un autre, sous le titre

---

1. Les habitants d'Ouges essayèrent d'établir, en 1641, « une double dime pour l'acquittement de leurs dettes » lorsqu'un arrêt homologué la même année en annula la délivrance. (Arch. de la Côte-d'Or, B. 12.236.)

2. *Le Bailliage de Dijon après la bataille de Rocroy*, p. 191.

d'*Evénements survenus à Ouges*, que nous ferons suivre immédiatement parce que les notes qui ont servi à sa composition peuvent rentrer dans la catégorie des faits d'intérêt général concernant la seigneurie.

§ 6. — *Evénements survenus à Ouges et reposant sur des preuves authentiques.*

Les religieux de Cîteaux condamnèrent en juin 1348 un sieur Maignot à être pendu. Le procureur du duc prétendait que les juges d'Ouges n'étaient pas dans leurs droits parce que Maignot se disait bourgeois de Vosne. L'affaire vint devant le bailly de Dijon qui rendit une sentence en faveur des moines ; sur quoi, dit la pièce, « ledit procureur a été condamné (1). » De quel crime cet individu s'était-il rendu coupable pour encourir une telle peine? Nous ne savons pas !

Dans un instant nous allons voir que le prévôt du duc obtiendra l'élargissement d'une femme enfermée dans la maison des moines, à Ouges. Mais dès à présent nous pouvons dire qu'une fois placé sous la sauvegarde du duc de Bourgogne, le bourgeois était soustrait à la justice de son ancien seigneur ; et si ce dernier, au mépris du désaveu qui lui avait été notifié, exerçait quelque voie de fait sur son justiciable d'autrefois, en le retenant par exemple dans ses prisons ou ailleurs, les officiers du suzerain venaient le revendiquer. Comme le bourgeois ne répondait que du magistrat dans le ressort duquel il était établi, il en résultait que tous les officiers du duc n'étaient pas également compétents pour le réclamer (2). C'est bien ce qui arriva en 1348 à propos de Maignot.

Quelques années plus tard un homicide était commis à Ouges. Nous connaissons la victime qui n'est autre

1. Arch. de la Côte-d'Or, H. 480.
2. *La Féodalité et le servage en Bourg.*, par Jules Simonnet (*Mém. de l'Académie de Dijon*, 2ᵉ série, t. XII, année 1864, p. 260).

que le curé du village même. L'acte sur parchemin qui
nous révèle ce crime nous apprend que les assassins, au
nombre de trois : Vuillemot, Jean et Thomas Porteaux,
d'Ouges furent condamnés le 20 juin 1353, par sentence des juges de Cîteaux, « pour avoir battu nuitam-
ment Odo Chatelain de Dijon, demeurant à Ouges, dont
il mourut le lendemain », au bannissement et à la confiscation de leurs biens au profit du monastère (1).

Odo Chatelain, la victime de l'attentat, paraît comme
curé d'Ouges dès l'année 1326 et différentes pièces constatent sa présence dans la paroisse en 1339, 1341 et 1346.

Un acte de la fin du xiv° siècle, conservé dans nos archives, fait mention qu'en 1380 Girard le Boiet, prévôt
de Flagey et son sergent Guillaume Morlot, « informés
qu'une femme du duc était emprisonnée dans la *maison
de Cîteaux à Ouges*, s'y transportent et, après la déclaration de cette femme qu'elle était réellement bourgeoise
du duc et de la prévôté de Flagey, ils la mettent en
liberté et somment quiconque aurait à s'y opposer, à le
déclarer (2). »

La détenue s'appelait Hugote Busson et était fille d'un
vigneron de Dijon. Le prévôt et son sergent se firent
ouvrir la prison et délivrèrent cette femme incarcérée
quelque temps auparavant par les officiers de l'abbaye
de Cîteaux. Le frère Mille, qui était alors gouverneur de
la maison d'Ouges, se contenta de protester ainsi qu'on
le constate dans cette pièce :

« L'an 1380 le samedi, jour de la feste saint Lorent, à
Ouges, en l'ostel de Mons. Mille de Cisteaux, vint Girard le Boiet de Reulles-soubs-Vergey, prévost de Ver-
gey et de Flagey, et Guillaume Morelot de Chambolle,
sergent de Mons. le Duc et dudit prévost, lesquelx requirent à Hugote, fille de feu Jehan Busson de Dijon,

1. Arch. de la Côte-d'Or, F. de Cîteaux, H. 480.
2.   Id.   B. 11.291.

7

vigneron, qui estoit en prison, se elle estoit bourgeoise
de Mons. le Duc, de la condition et usaige et prévosté
de Flagey, et se pour telle se advouhait, liquelle femme
leur respondit par plusieurs fois que elle estoit femme
de mondit seigneur le Duc, de l'usaige et costume de la
prévosté de Flagey, sur quoy les dits prévosts et sergens requirent instrument. Et incontinent ils ouvrirent
l'uis de la chambre où elle estoit et l'en trairent hors,
ensemble ses biens, liquelx biens leur feurent baillés, du
consentement dudit frère Mille et autres de la dite ville.

« Et adonques vint frère Mille, gouverneur de la dite
maison pour Messieurs de Cisteaulx, liquelx lour dit
qu'ils gardassent de mesprendre et qu'il ne feissent aucune chose contraire à lour libertez, justice et signorie...
etc. (1). »

Il nous faut passer par-dessus trois siècles où nous ne
trouvons rien à signaler d'extraordinaire et arriver
jusqu'à l'année 1670 où nous voyons trois personnes
d'Ouges assassinées le 1er mai. Ce qui complique
l'affaire, et la rend plus intéressante, c'est que les crimi-
nels appartenaient à la noblesse. Les papiers de Cîteaux
contiennent, sur cet événement, qui fit tant de bruit à
Ouges, des détails fort curieux ; on y trouve des liasses
de procédure, des libelles, assignations, commissions,
contraintes faites sur les biens et les personnes, ainsi que
plusieurs enquêtes qui vont nous servir à établir ce qu'on
appelle en langage judiciaire l'acte d'accusation (2).

Jean de Grandmont, écuyer, seigneur de Varanges, Marie Guichardot, veuve de Pierre Bertrand, sa
femme, André Doyen, leur domestique, Pierre Maire et
Anne Garrot, sont accusés et convaincus d'avoir assas-
siné Jean Voillard « hoste audit Ouges, sa femme et

---

1. *La Féodalité et le servage en Bourg.*, par Jules Simonnet (*Mém.
de l'Académie de Dijon*, déjà cité, p. 263.

2. Arch. de la Côte-d'Or. Fonds de Cîteaux, H, 481.

leur fille âgée de 7 ans couchez dans le même lict, le
1ᵉʳ may 1670 (1)... »

Après une première enquête, Pierre Maire et Anne
Garrot sont reconnus innocents du crime. Dans les
premiers jours de juin une confrontation de témoins a
lieu à Ouges avec l'écuyer Grandmont, sa femme et son
valet. Dom Lepagnol, procureur du Petit Cîteaux, donne,
à la date du 19 juin, quittance de 104 livres 5 sols 6
deniers payés pour dépense faite à Ouges à cette occasion. Le 24 juin suivant, les pièces font mention de la
taxe octroyée à 5 archers pour 4 jours qu'ils ont « vacqué
au recol et confrond des témoins contre l'amodiatrice
d'Ouges accusée de l'assassinat fait en mai 1670... »
Enfin nous savons que la dépense pour nourriture du
commissaire et des autres officiers de justice venus au
village pour cette affaire a coûté à Cîteaux 38 livres 8
sols 6 deniers, ainsi que l'atteste un reçu de cette somme
qui fut versée à un sieur Girard par Dom Lepagnol.

Marie Guichardot était en effet amodiatrice des dîmes
d'Ouges. A la date du 7 juillet 1670, alors qu'elle
devait être en prison à Dijon, son père André Guichardot, clerc au greffe, fait un bail en son nom à
Fromentin-Maire, dudit Ouges et consorts, laboureurs
« tous solidaires » de la totalité du « dixme appartenant à
Messieurs de Cîteaux, et cela moyennant 40 esmines de
froment, 12 de blé conceau et 8 d'avoine, mesure de
Dijon, bonne graine provenant de la levée du dit dixme
payables aud. Ouges le jour de feste de la Nativité Notre
Seigneur, etc. »

Le procès du seigneur de Varanges fut mené assez
vite ; la cour rendit le 7 août un arrêt par lequel elle
reconnaissait seuls coupables du crime d'Ouges, l'écuyer
de Grandmont, sa femme et leur valet. Le lendemain 8,
Jean de Grandmont, qui ne voulait sans doute pas avouer

1. Hoste signifie paysan, habitant de la campagne, sujet d'un seigneur féodal (V. *Glossaire de la langue romane*, par J.-B.-B. Roquefort,
t. I, p. 760).

son crime, fut mis à la torture. Le 9 tout fut terminé, la cour pour réparation de ce triple assassinat condamna « led. de Grandmont aux galères perpétuelles, sa femme à avoir la têtetr anchée, et Doyen, leur valet, àêtre roué vif, ce qui — ajoute le document — fut exécuté ».

On ne trouve aucune trace de l'exécution capitale de la femme de l'écuyer de Grandmont à Dijon. Clément-Janin n'en fait pas mention (1). Cependant il est assez difficile de croire que la décapitation eut lieu à Ouges, car bien que les anciennes coutumes de Bourgogne ordonnent que chaque criminel soit puni où il a commis le crime, personne n'ignore qu'il a été souvent dérogé à cet usage.

Dans nos recherches à travers les anciens registres paroissiaux d'Ouges, nous avons été bien aise de découvrir, parfois, des notes historiques aussi curieuses qu'instructives (2). Déjà, dans les chapitres qui précèdent, nous en avons signalé quelques-unes. Nous grouperons à la fin de ce paragraphe, et par ordre chronologique, celles qui nous restent à faire connaître.

Le 21 juillet 1729 il tomba sur les deux heures du soir, dit le curé d'Ouges, de la grêle « comme de grosses noix » et qui perdit tous les fruits ; les orges et les avoines furent extrêmement gâtés, « c'est-à-dire que l'on en recueilli (*sic*) que trez peu ; les uns les fauchèrent pour en avoir la paille, les autres les abandonnèrent. Pour ce qui est des bleds ils ne furent pas absolument perdus, car on a recueilly beaucoup de gerbes dont il falloit 10 à 12 gerbes pour faire la mesure ».

Entre un acte de décès du 14 octobre 1744 et un acte de baptême du 28, le curé Sage a cru devoir inscrire ceci « pour mémoire » :

« Mortalité sur le bétail à corne. — Je soussigné certifie qu'il y eut une maladie si grande et si violente sur

---

1. *Le Morimont de Dijon (Bourreaux et suppliciés).*
2. Arch. communales d'Ouges.

le bétail à corne dans l'année 1744, que dans le village d'Ouge ou il y avoit bien deux cents vaches, il n'en resta au plus que trente, et ainsy des autres villages. La maladie s'étendit si loing, qu'elle tint plusieurs provinces du Royaume ; elle commença d'abord dans l'Alsace, se répandit ensuite dans la Lorraine, dans la Champagne, dans le Maconnois, dans la Bresse, dans la Comté, enfin dans notre Bourgogne, et très peu de villages échappèrent, dans toutes ses provinces, à la maladie qui dura bien deux années, à laquelle on ne trouva aucun remède, quoique on en fit beaucoup. Véritable fléau du Seigneur !... Sage, curé. »

Le dimanche 7 décembre 1749, le curé d'Ouges fut victime d'un vol qui se perpétra pendant qu'il chantait les vêpres. Il eut soin d'en faire mention à la fin des actes de l'année 1749, et c'est grâce à lui que nous avons quelques détails à ce sujet. Le voleur s'appelait, nous dit-il, Jean Haudnet, marchand lyonnais, natif d'Amiens en Picardie. Le mercredi suivant, notre curé porta plainte au grand prévôt, le sieur Richard, seigneur de Vesvrotte, qui, deux jours après, se rendit à Ouges accompagné de ses officiers de justice et de plusieurs archers « afin de constater du fait et examiner l'endroit par où le dit Haudnet étoit entré à la cure... » On pensa que c'était par une fenêtre du cabinet qui donne sur le jardin du sieur Baudot, « et à l'aide d'une brouette qui étoit sous le cabinet, que le malfaiteur entra dans la chambre haute, où il trouva une armoire qu'il ouvrit en faussant le tiroir, prit plusieurs couverts d'argent et autres effets qu'il vendit à vil prix à un nommé Lambert, cabaretier du Chapeau-Rouge (1) » L'arrestation de ce dernier et de sa femme eut lieu le 13 décembre ; conduits tous deux aux prisons ils furent enfermés quatre mois, et échappèrent encore à une plus longue détention « par les grandes

1. Il s'agit dans cette phrase de M. Baudot, écuyer, compris, en 1790, avec le sieur Fyot de Dracy et Gauthier, gendarme de la Garde, au nombre des privilégiés d'Ouges. (Arch. de la Côte-d'Or, C. 6046.)

protections qu'ils eurent ». Haudnet ne tarda pas à être également arrêté ; un sous-brigadier de la maréchaussée, nommé Robin, le prit dans sa maison de Lyon et le conduisit aux prisons de Dijon où il arriva le 26 décembre. Son procès fut instruit de suite « aux frais du roy » et, dûment atteint et convaincu du vol, il s'entendit condamner par le prévôt à être pendu et étranglé « jusqu'à ce que mort s'en suive » et préalablement appliqué à la question « pour connoistre ses complices, car il n'étoit pas seul à cette action ; il n'a cependant, dit en terminant notre curé, chargé personne et a même été favorable à Lambert et à sa femme ». Il fut pendu le 20 mars 1750.

Le brave homme qui s'est plu à nous rapporter tous ces détails n'a oublié qu'une chose : de nous dire si l'exécution avait eu lieu à Ouges.

L'abbé Décombes fait deux observations de nature différente en 1777. Il nous apprend par la première que son église fut visitée par des voleurs dans la nuit du 17 au 18 mai ; les malfaiteurs « sont entrés par la fenêtre qui donne sur l'autel de la sainte Vierge et ont pris les troncs. Il en a coûté 60 livres pour réparer le dommage qu'ils ont causé ». A la suite de ce fait nous lisons que la même année (1777) l'évêque de Chalon-sur-Saône a donné la confirmation aux habitants de la paroisse « dans l'église de Longecourt, le 1er dimanche dans l'octave du S. S. Il y avait 80 ans, ajoute-t-il, avant de signer, que les habitants d'Ouges n'avoient vus leur évêque diocésain ». Les prélats de cette époque ne se fatiguaient pas à faire des visites pastorales !

§ 7. — *Redevances des habitants envers les Seigneurs.*

Le Grand et le Petit Ouges dépendaient de la justice seigneuriale de Cîteaux. Les habitants étaient taillables haut et bas et chaque feu devait, en 1431, à l'abbé deux

corvées de charrue et deux gelines. Tout habitant
ayant « truye portant doibt tous les ans à la Nostre-Dame
de mars un cochon de lait de six semaines aux seigneurs,
les corvées et cens sur les maisons et héritages, les dixmes et autres redevances seigneuriales (1) ». C'est au mois
de juin 1274 que les religieux de Cîteaux firent l'acquisition sur Yolande, fille de feu Odo, écuyer, seigneur de
la Marche, de « toute la dîme des cochons de la ville et
appartenances d'Ouges... moyennant le prix et somme
de 200 livres forts dijonnois (2) ».

L'abbé de Cîteaux levait la dîme à Ouges à raison de
12 gerbes l'une, prise au champ, sur toute sorte de graines semées dans le finage, à la réserve de la chenevière
mâle. Cette dîme pouvait lui rendre annuellement
environ 40 émines de blé, froment, conceau et avoine,
mesure et émine de Dijon.

La dîme n'était pas seulement perçue par l'abbé de
Cîteaux. Au xviie siècle, il y avait 200 journaux de
terre sur lesquels les moines de Cîteaux n'avaient
aucun droit et dont les bénédictins de Saint-Bénigne, comme seigneurs de Longvic, et le curé de cette
paroisse se partageaient la dîme. Les premiers possédaient 150 journaux qui pouvaient leur rapporter, par
commune année, 6 émines par moitié blé et avoine
mesure de Dijon. La dîme du curé de Longvic ne pro-
duisait guère que deux émines, moitié blé et avoine,
même mesure. Les religieux de Saint-Bénigne eurent,
au sujet des dîmes qu'ils levaient à Ouges, sur certains
climats, des démêlés avec les moines de Cîteaux. Les
Cisterciens, qui n'admettaient pas qu'on empiétât sur
leurs droits, se virent plusieurs fois dans la nécessité de
rappeler à l'ordre les Bénédictins. Dès 1272 des accords
et accommodements furent proposés et acceptés de part
et d'autre. Cependant, en 1450, les moines de Cîteaux

1. Arch. de la Côte-d'Or, C. 2882, p. 454-55-56.
2. Id.   H. 482.

font intervenir dans un différend le bailly de Dijon qui, par sentence du 28 août, déclare que les religieux de Saint-Bénigne « n'ont point de dixme en une pièce de terre lieu dit *es Croix* » sur laquelle ils prétendaient avoir des droits (1).

Nous ne devons pas ensevelir dans l'oubli un acte qui nous révèle des redevances d'une autre nature que celles que nous venons d'examiner précédemment. Un titre latin, sur parchemin, du mois de juillet 1234, constate que Jean, fils de Millon de Fontaine, bourgeois de Dijon, et Nazaire, son épouse, ont vendu à l'abbé de Cîteaux, moyennant « six vingts livres dijonnoises » (120 livres), dix-huit journaux de terre à Ouges avec la demi-dîme, « le droit de tierces, un quartier de cochon, un demi-quartier de bœuf, un setier et demi de vin et trois gâteaux ou fouasses, lesquelles doivent estre d'une telle grandeur que le quart d'une sulfise pour le repas d'un homme... (2) ». Voilà toujours de bien bizarres redevances affectées sur dix-huit journaux de terre !

Il est vrai que l'on rencontre, à Ouges, les usages les plus singuliers. Les terriers de l'abbaye de Cîteaux de 1445, 1512 et 1616 parlent, en même temps que des cens et rentes, des gâteaux de froment présentés au seigneur par les nouveaux mariés ; de la fête de la bachelerie des compagnons au jour de Noël ; du prix donné le jour de la Saint-Pierre, fête patronale du pays, et de l'élection des messiers (3).

La quête de la Passion, au profit du curé, a survécu à la Révolution. En 1827 les héritiers du curé de Longvic, Renier qui desservait la paroisse d'Ouges, en donnèrent le produit (102 fr. 25) à la fabrique (4).

---

1. Arch. de la Côte-d'Or, H. 482.
2.   Id.   H. 478-482.
3.   Id.   H. Terriers nᵒˢ 1334-1335-1337. On célèbre maintenant à Ouges la fête de saint Pierre le 3ᵉ dimanche de septembre.
4. Arch. de la fabrique d'Ouges (registre).

§ 8. — *Le four banal*.

Les habitants d'Ouges ont cherché plusieurs fois à se soustraire à l'obligation de cuire leur pain au four banal. Quelques particuliers possédaient cependant des fours dans leurs habitations. Robert Maigret, avec qui le lecteur a déjà fait connaissance, puisqu'il fit une fondation à l'église en 1485, avait un four et se croyait dispensé de se servir de celui de l'abbé de Cîteaux. Mal lui en prit, car les religieux, jaloux de tous leurs droits, obtiennent le 3 avril 1483/4 une sentence du bailly de Dijon qui, non seulement défendait à Maigret de cuire ailleurs qu'au four banal, mais enjoignait encore à tous les habitants de cuire audit four : « les habitants d'Ouges ne pourront cuire qu'au four banal... (1) ».

Le four des Cisterciens était situé à *Ouges l'Église* et à l'époque où ils obtenaient du bailly de Dijon la sentence dont nous venons de parler, il était en mauvais état et avait grandement besoin de réparations. Les moines songèrent, non pas à le restaurer, mais à le remplacer par un nouveau. Ils passèrent donc, le 17 mai 1485, avec les habitants qui avaient sollicité l'autorisation de construire le four eux-mêmes, une transaction par laquelle ils leur accordent la permission de faire élever un four qui sera situé en la place commune, à Ouges l'Église (2). Deux conventions avaient précédé celle de 1485 ; la première datait du 17 mai 1483, l'autre du 7 octobre 1484. Mais elles n'avaient pas abouti parce que l'une des conditions exigées par les seigneurs abbés n'avait pu être acceptée des habitants ; les propositions de la transaction de 1485

---

1 et 2. Arch. de la Côte-d'Ôr, H. 480.

ayant paru plus raisonnables, ceux-ci y adhérèrent.
Voici quelles étaient ces propositions :

« ... Les habitants devront payer à perpétuité sçavoir :
les ménages de 6 personnes et au dessus 4 gros et 1/2
moitié à la Nativité, moitié à la Saint-Jean-Baptiste.

« Les ménages de 4 et jusqu'à 6 personnes payeront
4 gros aux mêmes termes.

« Les pauvres gens, femmes veuves et autres qui ne
seront pas au nombre de 4 payeront 3 gros.

« Et les habitants, à peine de 63 livres tournois d'a-
mende et la démolition du four bâti, ne pourront construire aucun autre four... »

Les moines de Cîteaux s'engageaient à fournir, pour la
construction du four, les carreaux nécessaires que les
habitants devaient prendre en la tuilerie de Corcelles
proche Cîteaux et conduire à leurs frais à la place assignée
pour l'édification du four.

Tout semblait donc arrangé pour le mieux, lorsque,
par suite de circonstances qui nous sont inconnues, rien
ne s'exécuta. Ce ne fut seulement qu'en 1584, c'est-à-dire
un siècle plus tard, que le four fut construit ; et au lieu
de payer le tarif fixé par la transaction de 1485, la communauté s'engagea seulement à verser une redevance
annuelle de 40 livres tournois (1).

Cependant en 1665 le four banal n'étant pas en état,
les habitants obtinrent la permission d'avoir des fours
pour cuire leurs pâtes levées. Bien entendu ils étaient
toujours obligés de payer la redevance annuelle de 40
livres ; ils versaient encore cette somme en 1772.

§ 9. — *Fermiers de la Seigneurie*

Comme toutes les grandes abbayes propriétaires d'importants domaines, Cîteaux mit de bonne heure les

1. Arch. de la Côte-d'Or, H. 480.

revenus de la terre d'Ouges entre les mains d'un par-
ticulier. En 1385, le dimanche après Quasimodo, l'amodiateur du « dixme » d'Ouges déclare devoir au seigneur
abbé « tant en dixme, comme en toutes autres choses, »
5 émines de froment (1).

Le domaine d'Ouges est amodié, en 1391, à *Perrin le
Marc*, laboureur, pour 10 émines de grains par an (2).

Les autres fermiers se succèdent, dans les siècles suivants, avec des qualifications diverses :

Claude Leblanc, amodiateur, était tenu de payer en 1622
50 émines « au Petit Citeaux, à Dijon, le jour de feste
Saint Martin d'Yvert... » (3).

André Guichardot, amodiateur des revenus de la seigneurie d'Ouges et dépendances, en 1669-1670. Dans
l'acte d'amodiation qui lui fut passé le 7 juillet 1670,
il est spécifié qu'au cas « qu'il arrivat quelque accident
du ciel avant la récolte dud. dixme il sera fait diminu-
tion sur les d. 40 esmines — qui représentaient le prix du
bail — après une visite faite du dommage par gens non
suspects » (4).

Vivant Baudelet, fermier général de la seigneurie
d'Ouges, en 1671.

Etienne Fléau, amodiateur de la terre d'Ouges en
1674.

P. Joly, fermier en 1730 (5).

Et. Benoit, fermier en 1775.

Si les moines avaient des fermiers, pour faire valoir
leur domaine, ils avaient aussi, nous l'avons vu au paragraphe 6 du présent chapitre, des officiers chargés de
rendre la justice en leur nom. Par arrêt du conseil royal
des finances, en date du 23 décembre 1704, pour être

1. Arch. de la Côte-d'Or, Peincedé, t. XXV, p. 640.
2.   Id.   B. 11,303.
3 et 4,   Id.   H. 482.
5.   Id.   C. 6046.

pourvu d'un office judiciaire, il fallait payer une taxe imposée, comme suit (1) :

« .... Les juges de la justice d'Ouges..... payeront chacun cent livres,

« Le procureur d'office payera soixante livres,

« Le greffier payera soixante livres,

« Les notaires payeront chacun vingt livres,

« Les procureurs postulants payeront chacun vingt livres,

« Et les sergents payeront chacun dix livres... »

CHAPITRE II

LES FAMILLES ET LES FORAINS D'OUGES.

---

§ 1. — *Personnages qui tirent leurs noms du village d'Ouges.*

Nous ne pensions pas rencontrer de personnage ayant porté le nom d'Ouges avant le xvᵉ siècle; cependant la persévérance de nos recherches nous a fait découvrir qu'une fille de feu *Hugues d'Ouges* (de Ougiis) — Marie Despernay damoiselle — amodie en 1310, à Maître Guillaume de Champdivers (de Campodiverso), physicien (ce nom était autrefois employé pour

---

1. Nous citons textuellement la partie du document qui concerne la seigneurie d'Ouges et qui nous a été communiqué avec beaucoup de complaisance, par M. G. Fourier, son possesseur.

médecin) et à Peronot de Champdivers, son neveu,
demeurant à Dijon, tout ce qu'elle possède à Mirande
et trois soitures de prés à Chevigny-Saint-Sauveur (1).

Marie d'Ouges est citée dans le testament de la duchesse de Bourgogne Agnès, en 1325; on lit en effet
dans ce document le passage suivant où son nom figure :
« Item pour plusors chouses que jay eues des biens
Marie Douges, jadis ma Damoiselle, qui montent a la
valour de xiv livres tournois, je vuil quelles soient données pour Dieu pour lame de li, et que messes en soit
dittes por li (2). »

En 1347 paraît un *Richard d'Ouges*, écuier.

Adelinette d'Ouges, qui nous est déjà connue par une
donation qu'elle fit à l'église en 1357, vend cette
même année à la femme de Jean Maire, de Brochon,
sa maison, son pressoir, toutes ses vignes de la *Generoye ;*
elle cède encore sa borde (*bordam*) d'Ouges et tous les
héritages qu'elle a audit lieu. On sait que dans l'ancien
langage français *borde* signifie petite maison, ferme.

Jean d'Ouges, demeurant à Dijon, achète, en 1364, pour
la Chambre des Comptes, 124 jetons de cuivre (3).

En 1400 Jean Vaillon de Sencey, écuyer, seigneur de
Longeoy, ratifie, en présence de Jean, comte de Nevers,
et de sa femme, les convenances arrêtées pour son mariage avec Jacote, fille de *Guiot d'Ouges*, écuyer, maître
d'hôtel du duc (4). On voit que le nom d'Ouges a été
porté par des officiers de nos ducs.

On trouve dans un registre de la Chambre des Comptes une copie signée de Pringles, des lettres patentes du
roi Charles, données à Paris, le 30 juillet 1569, portant
provision de l'état et office « d'élu en l'élection de Bar-

---

1 Arch. de la Côte-d'Or, B. 11.221 ; Peincedé, t. XXVII, p. 2 — Sur
la famille de Champdivers, V. J. d'Arbaumont, *Armorial de la Chambre des Comptes*, p. 114-115

2. V. Dom Plancher, pr. du t. II.

3. *Des Libertés de la Bourg.*, d'après *les jetons de ses Etats*, par
Rossignol, p. 51.

4. Arch. de la Côte-d'Or, B. 11.317.

sur-Seine, au profit de *M° d'Esme d'Ouge* ». Sa réception
audit office, par la cour des aides à Paris, est du 23 novembre suivant. L'enregistrement, à la Chambre des
Comptes de Dijon, des lettres patentes ci-dessus rappelées eut lieu seulement le 20 décembre 1575. Edme
d'Ouges eut vite fait de s'attirer des sympathies, aussi
par lettre de Henri III, du 31 décembre 1578, enregistrée le 14 janvier 1580, le roi lui accordait une augmen-
tation de gages de 16 écus 2 tiers. C'étaient ses étrennes !
Sentant sa fin approcher Edme d'Ouges pensa remettre
sa charge à son fils *M° Jean d'Ouges* qui fut, en effet,
nommé, en son lieu et place, par lettre de provision du
21 octobre 1612, enregistrée au Parlement de Dijon le 15
mai 1615. Après avoir rempli l'emploi de sa charge avec
distinction pendant dix ans, Jean d'Ouges fut nommé,
par lettre de provision du 31 décembre 1626, à l'office
de conseiller procureur du roi au bailliage de Bar-sur-
Seine, en remplacement de Jean Lausserois. Ces dernières
lettres furent enregistrées au Parlement le 12 décembre
1635.

Sans doute malade, Jean, résigna ses fonctions en 1661,
si nous en croyons « les lettres de provision de l'office
de procureur du roi, cour et juridiction du bailliage, prévôté, eaux et forêts, etc., au comté de Bar-sur-Seine, accordé le 18 mars 1661 (enregistré le 23 janvier 1665) au
sieur Etienne Bourbonne, au lieu et place du sieur Jean
d'Ouges, qui a résigné en sa faveur, sur la présentation
à nous faite par notre chère et bien aimée cousine Marguerite Louise d'Orléans, comtesse de Bar-sur-Seine. »
Jean d'Ouges occupa encore quelque temps la charge de
conseiller avocat du roi au bailliage, prévôté et mairie
de Bar, qui fut reprise, à la date du 16 juillet 1671,
par Jean-Baptiste Perret (1).

(1) Arch. de la Côte-d'Or. Recueil de Peincedé.

§ 2. — *Les Anciennes familles d'Ouges*

Il y a un certain nombre de très anciennes familles d'Ouges qui sont complètement disparues de la localité ; éteintes depuis longtemps, il n'y a guère que dans les vieux registres que l'on retrouve encore leurs noms consignés.

Seguin d'Ouges, dit l'oiseleres (c'est-à-dire oiseleux, marchand de petits oiseaux) vend en janvier 1253/4 à Dominique, de Corcelles-les-Bois, une pièce de terre arable contenant environ 2 journaux, sise à Ouges lieu dit *Ez Contour de Brienay*. — Humbert et Berthel, fils de feu Jacquelin, habitant d'Ouges, sont, en 1265, propriétaires d'une petite pièce de terre lieu dit *En Marchand*. — Herbet, fils de Jean le Gaige, d'Ouges, achète de la terre lieu dit *au Pasquerot*, en novembre 1266. — Humberlot Borel, d'Ouges, fait de même en février 1268/9 pour une pièce *En Prélevé* — Viot Piquot d'Ouges, dit l'oiseleres (sobriquet que nous avons déjà vu porté par un membre d'une famille Seguin), possède, au lieu dit *en Marchand*, une parcelle de terre qu'il acquit en juin 1272 (1).

Au XIVᵉ siècle nous trouvons encore à Ouges des familles qui ne sont pas perpétuées. Dans une pièce de septembre 1316 on rencontre le nom de Jean, fils de feu Perel d'Ouges — Jean d'Ouges, dit le bien aimé, a une pièce de terre dans ce pays, en 1339 « in loco dicto En la levée » — Jean Judas « de Ougiis », en 1347. — En 1372, le dimanche de Saint-Martin d'été (le 4 juillet) deux familles d'Ouges sont présentes à un contrat de mariage dans la paroisse. Comme c'était l'usage en pareil cas, les fiancés boivent du vin dans le même verre « avant

1. Arch. de la Côte-d'Or, H. 480.

que aucune parole de mariage soit entre Guillaume le Grindot, d'Ouge, et Simone, fille de Hugues Malinotte qui veulent estre unys l'un avec l'autre par loyal mariage selon la générale coutume de Bourgogne » (1). Après quoi ils se promettent réciproquement fidélité et l'on arrête les conditions du contrat — Huguenin Beau, de Genlis, reconnaît, en 1391, devoir 2 francs à Vuillemot Thiot, d'Ouges, dont la femme l'a « gari de plaies », guéri de plaies (2). Il y avait par conséquent à cette époque, à Ouges, une « rebouteuse » ou tout au moins une femme exerçant illégalement la médecine.

Contre la porte de l'église, au cimetière, on remarque un fragment de tombe où l'on peut lire :

CY GIST
CLAVDE
BILLARD
1604

C'est la tombe d'un membre d'une vieille famille du pays éteinte il n'y a pas encore bien des années.

§ 3. — Familles Carnet et Goillot.

On trouve sur le rôle des tailles et des vingtièmes de 1699 les noms de Fr. et P. Carnet, à côté d'Etienne Fléaut, de Cl. Garnier et autres familles d'Ouges (3). Les Carnet s'allièrent de bonne heure à une famille Goillot.

Le 8 octobre 1721, Michelle Priollet, veuve de Pierre Carnet, marchand à Ouges, fit, à l'église du lieu, une donation rapportée dans l'inventaire des titres de la cure, dressé en 1791, et dont nous ignorons l'importance (4).

1. Arch. de la Côte-d'Or. Bibl. ms n° 98, t. I, p. 107.
2.   Id.   B. 11.344.
3.   Id.   C. 6046.
4.   Id.   Q², liasse 40, cote 25.

En 1732 Pierre Joly, marchand à Ouges, avait un procès avec Marguerite Carnet, veuve d'Etienne Goillot, laboureur à Ouges. Etienne Goillot et Et. Lefléaut sont inscrits en tête des rôles de la communauté d'Ouges, en 1730, avec l'honorable qualification de marchand. Ce mot était alors synonyme de bourgeois.

Etienne Leflaut, chirurgien à Ouges, mourut dans cette localité, le 3 février 1742, âgé d'environ 74 ans (1).

En 1775 nous avons sur le rôle J. Goillot avec A. Fleurot, laboureur et B. Gillot.

Devant la porte d'entrée de l'église, à l'extérieur, on voit la tombe d'un membre de la famille Carnet. Il existe encore de nos jours des familles de ce nom dans certains villages de notre département ; nous en connaissons à Chaudenay-la-Ville.

§ 4. — *Famille Cornemillot.*

On trouve aujourd'hui cette famille répandue à Dijon, Ouges, Fauverney, Rouvres, Neuilly et autres lieux. Nous ne la croyons pas précisément originaire d'Ouges car les anciennes cherches de feux ne contiennent pas ce nom qu'on ne rencontre dans les actes concernant la communauté que vers le milieu du xvIIᵉ siècle (2).

A plusieurs reprises nous avons cité son nom qui se trouve, comme celui des principales familles d'Ouges, confondu avec l'histoire même du pays. Nous ne croyons donc pas utile de relever tous les noms des membres de cette famille dont nous avons déjà eu occasion de parler. Cependant il est nécessaire d'entrer dans quelques explications au sujet de Pierre Cornemillot.

Né à Ouges le 26 avril 1761, de Pierre Cornemillot et

---

1. Arch. communales d'Ouges (actes de l'état civil).
2. Dans les actes de l'état civil de 1736 on trouve ce nom écrit *Cormilliot.*

de Barbe Bresson, il exerçait la profession de charpentier. Il était frère de Hubert qui, on se le rappelle, remplissait les fonctions de maire de son pays natal, en 1818, lors de la bénédiction de la cloche de l'église. Au moment de la Révolution, lors de la vente des biens nationaux, P. Cornemillot fit l'acquisition d'une maison qu'on pourrait volontiers appeler la maison rectorale, puisque le maître d'école y faisait la classe aux enfants d'Ouges. Cette construction, qui appartenait à la fabrique, avait dû subir le sort réservé à tous les biens d'origine ecclésiastique. P. Cornemillot l'acheta, mais pria la commune, dès le lendemain de la vente, de se substituer en son lieu et place comme acquéreur du bâtiment afin de le conserver à sa destination primitive. Il nous a laissé lui-même, avec une description de la maison, le récit de ce qui se passa, dans un rapport, adressé le 1er mars 1792, au conseil général de la commune (1). Nous ne croyons pouvoir mieux faire que d'en reproduire ici quelques extraits :

« ... Il appert, dit P. Cornemillot, que la maison et dépendances, ci-dessus vendue et située au village du **Petit Ouges**, provient d'une fondation faite par Pierre Jacquemin, ancien curé, au profit de la cure ; elle est occupée par Nicolas Gillot, recteur d'école. L'emplacement, y compris le jardin, a un quartier et vingt-quatre perches. »

Cette maison avoisinait l'église puisqu'elle joignait « de bize à M. Baudot, séparé par un mur, du midi le cimetière de l'église, séparé par une mauvaise haie sèche, aboutissant d'orient sur la rue du Pautet et d'occident sur la rue tirant à la dite église... » Ce bâtiment bâti en bois, torchis et brique et couvert en tuiles « déjà antiques » était composé d'une chambre à feu « ou il y a un petit four sous la cheminée », un petit cabinet joignant, une petite grange et « une petite écurie à vache... »

1. Arch. de la Côte-d'Or Q, carton 109.

Avant de faire l'acquisition de cette maison P. Cornemillot avait demandé et obtenu de la municipalité, le 15 avril 1792, l'autorisation de l'acheter. Elle lui fut adjugée par le directoire du district de Dijon, le 20 avril comme plus haut enchérisseur. Pourtant il déclara le lendemain 21, en séance du conseil général d'Ouges dont il faisait partie, « qu'il était tout disposé — c'est toujours lui qui parle — à céder à la commune, si elle croyait et jugeait convenable de l'acquérir, la maison dont il s'agit, afin de la conserver à l'usage auquel elle était primitivement destinée ». Je déclare, écrit-il à la fin de son rapport, « que je cède et subroge en tous mes droits et actions la communauté dudit Ouges pour ce qui concerne ladite acquisition, etc... »

Il n'était pas inutile de signaler à la postérité ce généreux champion de l'instruction primaire.

Pierre Cornemillot était maire d'Ouges en 1804. C'est à lui que l'on déclare le décès de l'abbé Pacot J.-B., curé d'Ouges, « né à Dijon en 1734, mort le 24 fructidor an XIII (mardi 11 septembre 1804) » (1).

Quelques années plus tard P. Cornemillot vint exercer sa profession de charpentier à Dijon. Le 23 septembre 1810 il signe un bail par lequel on constate qu'il amodie une pièce de terre située au Paquier « appartenant de temps immémorial à la commune d'Ouges et on ignore à quel titre » (2). C'est à Dijon qu'il mourut le 7 juin 1840, laissant une veuve née Anne Thunot (3).

Hubert Cornemillot, propriétaire, fut élu maire d'Ouges le 1er juin 1817, en remplacement de Jean Cornemillot, démissionnaire comme capitaine de la garde

---

1. Le décès du curé Pacot, l'acte porte Pasquot, fut déclaré par « Nicolas Bourgeot, son beau-frère, et Jean Desserey, instituteur d'Ouges » (Arch. comm. d'Ouges, actes de l'état civil).

2. Arch. de la Côte-d'Or, Q³, liasse 20.

3. P. Cornemillot décéda à l'hôpital de Dijon où il était entré (à l'infirmerie des vieillards), le 5 décembre 1839. (Mairie de Dijon, actes de l'état civil)

nationale du canton de Dijon (Ouest) (1). Il était encore
maire en 1820. H. Cornemillot avait épousé Guillemette
Grenot, le 18 janvier 1785.

Jean Cornemillot, maire d'Ouges en 1810 et 1811,
était encore à la tête de la municipalité lors de l'inva-
sion autrichienne. A cette époque il y avait dans la
commune trois électeurs de ce nom : Jean, Hubert et
François.

Pendant la seconde occupation de Dijon, les alliés
se signalèrent par leurs rapines et leurs extorsions.
Le maire d'Ouges a dû recevoir jusqu'à 188 hommes : c'est beaucoup trop pour la petite commune qu'il
administre, aussi expose-t-il à son collègue de Dijon,
dans une lettre du 13 octobre 1815 : « ... Nos malheureux habitants, n'ayant plus de provisions, se sauvent
dans les bois pour se soustraire à la fureur du soldat,
laissant ainsi leurs maisons, meubles, etc., à la discré-
tion de ces gens. » Telle est l'arrogance, telles sont les
prétentions des Autrichiens qu'il va lui-même être obligé de partir: « .. Il est bien malheureux de voir ruiner
entièrement une commune, qui d'ailleurs s'est toujours
distinguée par son attachement à son souverain légitime
pendant qu'il y en a tant d'autres qui n'ont pas un soldat
actuellement (2). »

Nous avons suffisamment fait connaître le Dr Cornemillot (3). Disons encore, avant de le quitter, qu'en
même temps qu'il se livrait aux études médicales, il
aimait cultiver aussi avec soin les plantes d'agrément,
arbres fruitiers et autres ; son jardin faisait l'admiration
de tous ses amis. En 1853 la Société d'Horticulture de
la Côte-d'Or lui décerna une mention honorable pour
sa belle collection de fraises (4).

1. Arch . de la Côte-d'Or, M⁶, liasse 19.
2. Paul Gaffarel, *La Seconde Restauration et la seconde occupation
autrichienne à Dijon* (Juin-décembre 1815), p. 88-89.
3. Voir 2ᵉ partie, chap. II , § 9, *le Cimetière d'Ouges*.
4. *Le Spectateur de Dijon*, du 9 juillet 1853.

§ 5. — *Famille Fromentin.*

La famille Fromentin ou Fromantin était très répandue, il y a deux siècles, à Ouges et dans les environs.
Dans un acte d'arpentage de biens sis à Ouges du 27
novembre 1600, figure comme témoin un nommé Fromentin ; le scribe a écrit Formantin. — Jacques Fromantin est cité au nombre des principaux habitants
d'Ouges en 1601. En 1690 Claude Fromentin fut,
avec d'autres habitants, mêlé à un procès intenté
par les religieux de Citeaux ; les pièces de cette procédure constatent que sa famille était déjà représentée au
pays depuis fort longtemps. Le différend où figure Cl.
Fromentin fut plaidé en janvier 1691 au bailliage de
Dijon ; nous y voyons que Claude Bertrand, Huguenin
Maigret, Claude Fromentin et consorts d'Ouges, sont
assignés par l'abbé de Citeaux « pour avoir mainlevée
des graines dues aud. sieur de Citeaux, pour plusieurs
années de l'admodiation du dixme de la cure d'Ouges (1) ».

Sur une croix au milieu des champs (territoire de
Longvic), nous avons lu le nom de cette famille. Voici
du reste l'inscription :

CROIX
BADET

—

A LA DÉVOTION
DES FRÈRES FROMANTIN
DE
LEUR SŒUR Cᴵⁿᵉ Vᵉ ROBLOT
ANNE OUDOT
ET ROSE PICARD
LEURS ÉPOUSES
1858

1. Arch. de la Côte-d'Or, H. 480.

§ 6. — *Famille Garnier*.

La famille Garnier est encore bien représentée à Ouges à l'heure actuelle. Au xviıᵉ siècle elle était déjà très répandue dans la localité. Vivande Garnier, veuve de Claude Maussure, maréchal à Ouges, eut un procès avec Pernette Maire, veuve de Claude Gautier, et fut condamnée, le 27 août 1677, par la cour de la chancellerie de Dijon, « à faire travailler incessamment aux réparations nécessaires dans la maison et bâtiments possédés à Ouges par ladite demoiselle Pernette Maire » (1). C'est à n'en pas douter du château de la famille de Breuvant qu'il s'agit. — On sait qu'on disait alors, en parlant des femmes de bourgeois, la dame ou la demoiselle.

Les rôles des tailles de la paroisse pour 1694 mentionnent un Claude Garnier qualifié fermier (2).

Pierre Garnier, d'Ouges, malade depuis trois ans, dévoré par la fièvre, atteint à la fois d'hydropisie et d'hémorrhagie, était réduit à un tel état de faiblesse que, selon toutes les apparences, il devait prochainement succomber, lorsqu'il fut guéri miraculeusement de cette incurable maladie, en 1695, par l'intercession du vénérable Bénigne Joly, mort en odeur de sainteté le 9 septembre 1694. Les circonstances de cette insigne faveur sont rapportées par feu l'abbé Bavard, dans le livre qu'il consacre à Bénigne Joly (3).

Nous aurions pu, pour faire suite à cet alinéa, signaler d'autres faveurs qu'on nous a dit avoir été obtenues par certains habitants d'Ouges et dues à la protection de

---

1 Arch. particulières de la famille Breuvant (titres de propriétés et papiers divers.)

2. Arch. de la Côte-d'Or, C. 6046.

3. *V. Vie du Vénérable Bénigne Joly*, p. 494.

la Vierge de Domois, mais à défaut de plus amples informations nous n'en avancerons pas davantage.

Le 13 novembre 1815 le Préfet de la Côte-d'Or nomma le sieur Garnier, propriétaire, maire d'Ouges, en remplacement du sieur Quillardet (1). En 1876 c'était encore un représentant de cette famille qui était à la tête de l'administration municipale de la commune.

§ 7. — Famille Quillardet.

Nous avons déjà rencontré bien des fois ce nom dans le cours de cette monographie. C'est qu'effectivement la famille Quillardet est ancienne à Ouges, et que plusieurs de ses membres se trouvent mêlés intimement à l'histoire du pays. Ils étaient même, pour la plupart, aisés et nous avons pu constater les libéralités de plusieurs d'entre eux envers l'église Saint-Pierre d'Ouges.

Vers 1769 et jusqu'en 1772 cette famille eut de nombreux démêlés avec les moines de Citeaux (2).

On voit François Quillardet investi d'une charge d'échevin de 1786 à 1788. C'est lui qui fut le premier maire d'Ouges au sortir de l'ancien régime ; ayant donné sa démission en juin 1790, François Pain le remplaça.

Jacques Quillardet, fils mineur d'Etienne, *bourgeois* à Ouges, alors chez Jean Barthet, marchand laboureur à Fauverney, son parent, est parrain de Jacques Drouelle, baptisé à Izier par le curé Maugeart, le 21 mars 1790 (3).

Un Jacques Quillardet était assesseur du juge de paix du canton de Rouvres en 1791. Un document de la même époque, concernant l'inventaire du mobilier de

1. Arch. de la Côte-d'Or, M⁶, liasse 19.
2.   Id.   H. 479.
3. Arch. communales d'Izier (actes de l'état civil).

l'église d'Ouges, est signé : Quillardet, échevin ; Pain, maire ; Voillot, échevin ; Drouin, procureur ; Cornemillot, secrétaire (1).

François Quillardet (Quilliardet) figure sur une liste des habitants d'Ouges qui ont contribué à procurer une partie des objets nécessaires au culte, en l'an XII ; on constate qu'il a fourni le prix « de la croix processional » montant à 24 livres (2).

Nous voyons ce même François Quillardet maire d'Ouges en 1822 et 1826.

Pierre Quillardet était propriétaire des bâtiments dits de l'Abbaye, à Ouges, en 1810.

§ 8. — *Familles d'Ouges qui ont eu des représentants dans les charges publiques.*

Indépendamment des principales familles d'Ouges que nous venons d'étudier séparément, il en est encore quelques autres qui méritent, à plus d'un titre, de figurer dans ce chapitre. Toutefois comme il nous serait matériellement impossible de consacrer à chacune d'elles un paragraphe, nous citerons ici par ordre alphabétique les familles les plus honorables qui ont fourni, dans les siècles passés, des fonctionnaires à la communauté :

Beaupoil (Etienne), échevin, en 1778.

Beaupoil (Antoine), échevin, en 1779.

Chevassus (Pierre), échevin en 1779.

Cornemillot (Philippe), échevin, en 1784.

Coutant (Pierre), échevin, en 1781.

Duboy ou Dubois (Bernard), échevin en 1785.

Drouhin ou Drouin (Antoine), syndic de la communauté en 1771. Le même était procureur en 1789.

1. Arch. de la Côte-d'Or, Q², liasse 40, cote 25.
2. Arch. de la fabrique de l'Eglise d'Ouges (registre)

Garnier (Claude), échevin en 1733.

Gillot (Nicolas), échevin en 1782.

Goilliot (Jean), syndic en 1753.

Pain ou Pin (François), échevin en 1780, puis plus tard maire d'Ouges, en 1790 (1).

Patoillet, procureur de la communauté en 1593.

Quillardet (François), échevin en 1786-87-88.

Renault (Richard), échevin en 1783.

Saligon (Jean), procureur, en 1645.

Vernond (Humbert), lieutenant en la justice et procureur de la communauté d'Ouges en 1600.

Cette liste pourrait être plus complète si les registres de la communauté existaient encore. Malheureusement, en dehors des anciens actes de l'état civil, il n'y a, aux archives du village d'Ouges, que la copie d'une déclaration des terres appartenant à la cure « tirée des archives de l'abbaye de Citeaux et communiqué par le R. P. Dom Baltazar Ledoux, procureur de Citeaux » et un acte « d'assemblée des habitants d'Ouges du 29 septembre 1733 ». Le registre des délibérations communales ne commence qu'à l'année 1790.

§ 9. — *Biens possédés à Ouges par les communautés religieuses.*

L'hôpital Saint-Fiacre, puis l'hôpital général ; le chapitre de la Sainte-Chapelle et celui de Saint-Jean ; les Jésuites ; le prieuré d'Epoisses et plus tard l'Evêché de Chalon, telles sont les communautés religieuses de Dijon et des environs qui possédèrent, sur le territoire d'Ouges, des domaines plus ou moins importants.

---

1. C'était encore un membre de cette famille, Denis Pain, qui était maire d'Ouges, en 1857-1858-59-62 et 67.— Philippe Pain, propriétaire à Ouges, figure dans la liste des 36 jurés appelés à siéger à la session de la Cour d'assises de la Côte-d'Or ouverte le lundi 28 novembre 1836.

Les biens dont l'hôpital Saint-Fiacre était propriétaire provenaient d'une donation faite, à la date du 4 avril 1497, par M⁰ Philibert Lecartey, chanoine et chantre de la Sainte-Chapelle de Dijon. Ce domaine se composait 1° de sept quartiers de terres lieu dit *Derrière Lonviot* ; 2° un journal lieu dit *Au bas d'Ouges* ; 3° sept quartiers lieu dit *Derrière la corvée de Saint-Nazaire*, enfin 4° sept quartiers lieu dit *en Tavalles*. Ces terres étaient amodiées en l'année 1497 à Martin et Claude Blandin, frères, laboureurs à Ouges, « douze quarteranches de froment par moitié blé et avoine » (1). Les biens ont-ils augmenté de valeur ou l'hôpital Saint-Fiacre a-t-il acquis quelques terres pour grossir la donation du chanoine Lecartey? Nous ne savons ! Toujours est-il qu'en 1507 les héritages de cet établissement était amodiés pour une somme relativement plus importante puisque, d'après un bail, le preneur doit payer « 22 carteranches de blé et avoine et 2 pintes d'huile » (2). En 1519 et en 1559 le domaine était loué moyennant « 22 carteranches » seulement et 18 en 1566 (3). A ces époques on payait très peu en argent.

Philibert Lecartey dont il vient d'être parlé fut l'un des premiers conseillers clercs du Parlement, après sa création. Il mourut en 1499 ainsi que nous l'apprend son épitaphe qui se voyait à la Sainte-Chapelle et dont Palliot nous a conservé le texte que voici :

« Cy gist vénérable et discrète personne M⁰ Philibert Lecartey, prestre, licencié en droit, bachelier es-loix, jadis chantre et chanoine de céans, archiprêtre de Pouilly-en-Avxois, conseiller du roy nostre sire en ses parlemens de Bourgogne leqvel trespassa le XIV⁰ jovr de jvillet mil CCCC nonante neuf. Dieu ayt son âme. »

Fondé en 1340 par les chanoines de la Sainte-Chapelle,

---

1. Arch. de la Côte-d'Or, G. 292.
2.   Id.   E. 2195.
3.   Id.   E. 2196-2215.

l'hôpital Saint-Fiacre, situé rue du Chastel, aujourd'hui rue Vauban, recevait les pèlerins dévots qui venaient à Dijon vénérer les reliques de saint Fiacre conservées dans la chapelle de l'hospice. Les écoles publiques de la ville transférées du cloître de la Sainte-Chapelle dans cet hôpital, y subsistèrent jusqu'au collège fondé le 13 décembre 1531 par Julien Martin, dans la rue du Cygne, maintenant du Vieux-Collège. Saint-Fiacre fut réuni, par arrêt du Parlement du 15 août 1549, avec les autres hospices établis à Dijon, à l'hôpital du Saint-Esprit qui prit alors le nom d'hôpital général.

L'hôpital de Dijon possédait en outre un domaine à Ouges provenant des sieurs Trocu, Carnet et Goureau et qui fut acquis en 1619 et 1732 (1). Cet établissement a encore à présent dans le village environs 300 journaux de terre en différents climats.

La Sainte-Chapelle de Dijon, qui jouissait d'une richesse territoriale importante au moment de la Révolution, avait aussi des biens à Ouges. Le maître des comptes Bénigne-Bernard Canabelin, qui mourut le 31 août 1690, en était tenancier en 1689 (2). Etienne Fléau, chirurgien, à Ouges, par acte du 17 juin 1702, reconnaît devoir « un cens de deux pintes d'huile de noix payable au jour de la fête de Saint Martin d'hyver » pour les biens qu'il tient de la Sainte-Chapelle et qui consistaient en une maison avec grange et dépendances et plusieurs pièces de terre. Le 23 mai 1764 il est passé un traité au sujet « d'un cens emphitéotique converti en cens perpétuel de 16 sols par an » entre Claude-Marc-Antoine d'Apchon, évêque de Dijon, conseiller du roi en ses conseils et MM. de la Sainte-Chapelle du roi de la dite ville. Ce cens était affecté sur une pièce de terre

1. Arch. de la Côte-d'Or, H. 479.
2. Ce parlementaire portait : *d'azur, au chef d'argent, chargé de trois merlettes de sable.*

de 4 journaux à l'extrémité du finage d'Ouges et comprise dans l'enclos de Beauregard (1).

Courtépée écrit que MM. de Saint-Jean de Dijon ont à Ouges quelques terres sans justice. Les propriétés des chanoines de l'église Collégiale et paroissiale Saint-Jean étaient cultivées en 1735 par Claude et Etienne Garnier, père et fils, laboureurs au Grand Ouges. Nous trouvons en 1740 Antoine Fléau, laboureur, à Ouges, et sa femme, fermiers de la Collégiale ; le bail qui leur avait été passé, pour 9 ans, le 30 avril 1740, portait qu'ils devaient payer annuellement « au terme de la Saint-Martin d'hivert 42 mesures de bled et froment ». A la Révolution la Collégiale avait encore à Ouges des terres aux lieux dits : *Es Crais d'Ouge* (une pièce de 3 journaux 30 perches) et *En bas d'Ouge* (3 quartiers 67 perches) (2). Et il faut bien considérer qu'elle avait dû céder quelques fonds lors du tracé et des premiers travaux de construction du canal de Bourgogne ; nous savons en effet que, pour ses héritages, le chapitre de la Collégiale reçut, le 20 février 1788, une indemnité de 417 livres 18 sols (3).

Le prieuré d'Epoisses de l'ordre de Grammont avait également un petit domaine à Ouges qui passa au séminaire de Chalon.

Enfin les P. P. Jésuites de Dijon étaient, en 1666, possesseurs d'un pré de quatre soitures, sur le finage de la paroisse.

§ 10. — *Les Forains d'Ouges*

Tous les villages des environs de Dijon ont eu des forains de marque. Pour la plupart c'étaient des parle-

1. Arch. de la Côte-d'Or, G. 292.
2. Le nom de *Es Crais* a été donné à ce climat en raison de la nature du terrain crayeux.
3. Arch. de la Côte-d'Or, G. 334 bis.

mentaires qui possédaient quelques arpents de terre et une maison de campagne, où ils venaient se reposer des fatigues de la vie journalière et des bruits de la ville.

Parmi les propriétaires forains d'Ouges nous devons citer « noble sieur Mᵉ Jean de Xainctonge, conseiller au Parlement de Dijon », à qui la communauté vend, le 25 juin 1592, 4 soitures de pré, en une pièce appelée le *Pré Nardot*. Vers 1578, le père d'Anne de Xainctonge, dont on instruit en ce moment le procès de canonisation, possédait un domaine où la bienheureuse venait souvent. Cette maison de campagne était, selon l'usage du temps, une résidence qui tenait le milieu entre le château et la ferme proprement dite. Comme elle était peu éloignée de la ville, on y demeurait la semaine et tous les samedis soir on revenait à Dijon, pour y passer la journée du dimanche.

Feu l'abbé Morey, biographe et postulateur d'Anne de Xainctonge, auquel nous empruntons ce détail, dit qu'Ouges était alors de la paroisse de Longvic, ce qui est inexact.

Outre le grand verger entourant la maison de Xainctonge, celle-ci était encore le centre d'une exploitation rurale comprenant 310 quartiers de terre de premières valeurs, semés en blé, orge, avoine et chanvre. Il n'est question ni de seigle ni de pommes de terre. Il faut y joindre 120 ou 130 quartiers de bons prés, ce qui, au total, représente une ferme de plus de 30 hectares (1).

C'est d'Ouges qu'Anne de Xainctonge, à qui sa famille avait donné violemment son congé, partira pour le Comté où elle se rendait à l'effet de fonder la compagnie de Sainte-Ursule : « Il fut convenu que l'on partirait de là, parce qu'il serait facile d'y équiper, sans donner l'éveil, une charrette pour aller jusqu'à Dôle. » Un notaire ou procureur dont elle avait tenu l'enfant sur les fonts

1. Notes posthumes du chanoine Morey, communiquées par Mᵐᵉ la Supérieure de Sainte-Ursule de Dijon.

du baptême, qui possédait comme son père quelques biens au village, et en qui elle avait toute confiance, lui fut de la plus grande utilité dans sa fuite. Cet homme d'âge mûr avait consenti à tout moyennant certaines précautions qui feraient croire à une rencontre fortuite, afin de ne pas irriter M. de Xainctonge, dont il redoutait la colère.

Anne accompagnée d'une femme de service et revêtue d'un costume de paysanne quitta Dijon, le 29 novembre 1596, par un temps sombre, chargé d'épais et froids brouillards. Vers 8 heures du matin, les fugitives arrivèrent à Ouges, où le procureur les attendait en causant sur le chemin avec quelques paysans. « Eh ! mademoiselle, dit-il en faisant l'étonné, par quel hasard arrivez-vous si matin et par un temps semblable ?

— Je vais à Dôle, répondit-elle, et n'ai que le temps de prendre une charrette à la maison.

— A Dôle ? fit-il, et aucun homme pour vous accompagner ! Je ne le permettrai pas. Je suis trop dévoué à M. votre père, pour ne pas vous y suivre ; vous me donnerez bien une place sur votre voiture, je peux vous être utile pendant votre voyage.

— Volontiers, mon compère, dit-elle, nous n'avons pas de temps à perdre ; » et aussitôt elle commande au fermier de préparer cheval et voiture pour partir dans la matinée.

D'Ouges à Saint-Jean-de-Losne, on compte un peu moins de 30 kilomètres, mais avec un chemin mal tracé, mal entretenu et détrempé par une pluie persistante, le conducteur s'égara.

Nous laisserons Anne de Xainctonge effectuer son voyage, ceux de nos lecteurs qui seraient curieux d'en connaître l'issue consulteront avec fruit l'attachant ouvrage de l'abbé Morey sur la bienheureuse.

Le domaine que les de Xainctonge possédaient à Ouges passa, par héritage, vers 1650, à la famille Quarré d'Aligny qui depuis longtemps déjà possédait quelques biens

dans le village. On sait en effet que par contrat reçu
Morel, notaire, le 25 mai 1592, Mme d'Aligny acquit une
pièce de pré d'environ une soiture lieu dit *La Ribaude*.
Les Quarré d'Aligny portaient : *Echiqueté d'argent et
d'azur ; au chef d'or, chargé d'un lion léopardé de sable* (1).

Les deux familles de Xainctonge et Quarré étaient étroi-
tement liées. Pierre de Xainctonge, par lettre de provision du 14 mars 1641, (enregistrée le 6 août suivant),
résigna, à Gaspart Quarré, son office d'avocat général
au Parlement de Bourgogne. A ce moment il y avait
à Ouges, et vivant en très bonne intelligence, quatre familles foraines : les de Xainctonge, les Quarré, les Joly
et les Gautier (2).

Dans un arpentage de terre fait en 1600 il est dit « que
l'un des prés joint d'occident la fontaine dudit Ouges,
de levant à quatre soitures de prés appartenant au sieur
cons^{er} de St Onge (de Xainctonge), etc. (3). » Si l'on
considère que la fontaine d'Ouges se trouve au Grand
Ouges, il faut admettre que les biens de la famille de
Xainctonge n'étaient pas tous concentrés au Petit Ouges.
Les Quarré avaient aussi des terres dans cette portion
du finage ; l'arpentage auquel nous venons de faire allusion va nous le prouver : « ... Lesd. sieurs Quarré et Joly
ont fait séparation et partage desd. preys en deux portions lesquelles ayant jettées aux lods, seroit advenu aud.
Joly pour son partage les cinq soitures joignant auxdits
sieur de Saint Onge et aud. sieur Quarré le reste dud.
preys jusqu'au ruisseau de la Fontaine, etc... » A la
requête de noble Jean Quarré, « conseiller du roy en sa
cour de Parlement de Bourgogne et de Edme Joly aussi

1. D'Arbaumont, *Armorial de la Chambre des Comptes*, p. 235.
2. Le conseiller Edme Joly, mort en 1623, possédait plusieurs héritages à Ouges qu'il avait acquis par acte du 9 mai 1597 (Arch. de la Côte-
d'Or, H. 478). — Sur la famille V. J. d'Arbaumont, ouv. cité, p. 62-
193.
3. Arch. part. de la famille, de Breuvant (titres de propriétés et pap.
divers).

conseiller du roy et maistre extraordinaire en sa Chambre des Comptes à Dijon » il est dressé le 26 novembre 1600 procès-verbal d'arpentage de bois sur Ouges à eux délivré le 1er octobre précédent «..... délivrance leur avoit esté faicte de quatre cents arpents de bois et deux soitures de preys à prendre en tel endroit que bon leur sembleroit des communaux dudit village d'Ouges, mis en vente, en la cour de la chancellerie, à requeste de demoiselle Claire Petit, veuve de feu Anatoire Joly, en son vivant bourgeois à Dijon... »

A la date du 7 juin 1656, il est fait mention, dans des titres que détient M. de Breuvant, d'un échange entre vénérable Pierre Quarré, chanoine de la Sainte-Chapelle du roi à Dijon et Claude Gautier, conseiller référendaire « en la grande chancellerie de Bourgogne »; le sieur Quarré délaisse « perpétuellement » à C. Gautier, 3 journaux de terre sis à Ouges, et ce dernier donne en échange au chanoine Quarré « plusieurs parcelles de terre au même finage et formant un total de pareille contenance », les dites terres, est-il spécifié dans l'acte de part et d'autre déclarées franches « et quittes de toutes charges fors de la dixme à Dieu ».

Robert le Compasseur, bourgeois d'Auxonne, possédait des biens à Ouges; il fit une vente de terre à Jean Pouffier de Dijon, en 1581 (1). Ce personnage, seigneur de Taniot, qualifié noble, bourgeois et marchand, était échevin de la ville de Dijon en 1601. Ses armes sont bien connues : *de gueules au pot supporté de trois pieds rempli de fleurs d'argent et surmontant un croissant de même*. Il agrandit notablement sa propriété d'Ouges à la suite de cessions faites par la famille Gautier.

Les biens achetés par les Pouffier passèrent à la famille Papillon. Claude Papillon de Dijon tenait le meix de la Fontaine d'un nommé Fèvre qui le lui avait cédé en 1597. Ce meix qui joignait celui dit de Xainc-

---

1. Arch. de la Côte-d'Or, E. 2223.

tonge fut acquis par le sieur Gautier, bailly de Citeaux, en 1647 (1).

Dom Edme de la Croix, « docteur en sainte théologie, abbé général de l'ordre de Citeaux, premier conseiller du roi en sa souveraine cour de Parlement à Dijon (2) », aliéna, le 10 mai 1597, à Claude Papillon, plusieurs cens assis sur des héritages sis à Ouges et parmi lesquels on remarque « la moitié d'un cochon, moitié d'une géline... lad. aliénation moy^t le prix et somme de 210 écus solaires ». Ce Papillon appartenait à une famille bourgeoise de Dijon qui portait : *De gueules, au papillon d'argent.*

Pierre Cazotte, marchand libraire à Dijon, est poursuivi par les moines de Citeaux en payement des cens « empiteotes par lui dûs tant en grains qu'en argent » sur les héritages qu'il possède à Ouges et cela depuis l'an 1616 jusqu'en 1633 (3). Ce commerçant dijonnais, qui se faisait tirer l'oreille pour payer les cens dus aux seigneurs d'Ouges, n'est pas cité par Clément-Janin (4).

Il y avait beaucoup d'enfants de nobles personnages, hommes de robe ou bourgeois que l'on envoyait en nourrice à Ouges, ou qui étaient élevés dans ce village. Il est fréquemment fait mention, dans les registres paroissiaux, de décès d'enfants en bas-âge appartenant à des officiers du Parlement. Nous avons notamment rencontré des enfants de l'ancienne famille dijonnaise des Cazotte. L'armorial de 1696 donne à ces bourgois des armes : *D'azur, à trois racines de carotte d'argent feuillées de sinople.*

Les religieux de Citeaux firent, au xviie siècle, des ventes de plusieurs parcelles de terre à des particuliers.

1. Le meix de Xainctonge ne figure plus au cadastre de la commune d'Ouges.

2. Il portait comme armoiries personnelles une croix ancrée et une étoile en pointe ; lorsqu'il écartelait de Citeaux, il faisait figurer au centre du tout les armes de Saint Bernard.

3. Arch. de la Côte-d'Or, H. 482.

4. *Les Imprimeurs et les Libraires dans la Côte-d'Or.*

L'abbé céda, en 1649, des biens sur Ouges, à l'avocat
Fleutelot, pour l'importante somme de 9250 livres (1).
Vers 1654, Dom Loppin, religieux de Citeaux, gouverneur et curé d'Ouges, échangea le *meix Guillot* au sieur
Fleutelot. Ce personnage appartenait à la famille dijonnaise bien connue des Fleutelot qui portait au dernier
siècle : *d'argent, à trois trèfles de sable ; au chef de*
gueules, chargé d'un soleil d'or.

Dans le cours du xviie siècle, la famille Desplanches
acquit une maison et des biens à Ouges. Jean I Desplanches est considéré comme le meilleur imprimeur dijonnais du xvie siècle. On a de lui une série d'Edits re-
marquables par la beauté des caractères et la netteté de
l'impression (2). Jean Desplanches, « Imprimeur du roi
à Dijon », laissa sa propriété d'Ouges à son parent Me
Claude Desplanches, « marchand et libraire à Dijon ».
Ce dernier fut pourvu, sur le décès de Daniel Grangier,
d'un office inférieur à la Chambre des Comptes de Dijon,
le 31 mars-8 juillet 1650. Les trois quarts des biens
qu'il avait à Ouges passèrent, en 1668, entre les mains
de Me Canabelin que nous avons déjà rencontré au précédent paragraphe.

Le sieur Tisserand, conseiller au bailliage de Dijon,
avait aussi, en 1668, des propriétés à Ouges qui formaient un assez joli domaine (3).

En 1641, le 12 novembre, par devant Claude Blanche, notaire royal à Dijon, Me Pierre Gautier, doyen et
chanoine de la chapelle aux Riches, à Dijon, échange
« avec Jean Etienne Perruchot, advocat au Parlement
demeurant à Dijon », une pièce de terre contenant environ 3 quartiers « franche et quitte de toutes charges,

---

1. Arch. de la Côte-d'Or, H. 479.
2. V. Clément-Janin, *les Imprimeurs et les Libraires dans la Côte-*
d'Or, 2e éd., p. 13 et suiv.
3. Arch. de la Côte d'Or, H. 478 ; — d'une famille originaire de Chalon,
ces Tisserand portaient *d'azur au chevron d'or, accompagné en pointe*
d'une coquille de même.

servitudes, hypothèques, fors du dixme à Dieu » et en contrechange Perruchot donne et délaisse à Pierre Gautier « à perpétuité une pièce de terre au finage d'Ouges, contenant environ 3 quartiers » et comme la première pareillement quitte de toutes charges et servitudes (1).

La maison d'habitation de la famille de Pierre Perruchot, conseiller du roi, trésorier des fortifications de Bourgogne et Bresse, était située rue Franche et des meix, terres et prés en différents climats complétaient le domaine. La maison fut habitée en 1674 par Jean Perruchot, procureur à la cour. En 1702 Mᵉ Perruchot, avocat à la cour, devait au monastère de Citeaux « 29 années de cens emphitéote» sur les héritages qu'il possédait à Ouges (2). Il faut croire que, comme le libraire Cazotte, l'avocat Perruchot n'aimait guère payer ses dettes ! Les Perruchot avaient aussi leurs armoiries qui étaient : *d'azur, à une ruche d'or, accompagnée de trois abeilles de mesme, marquetées de sable, deux en chef, descendantes, et une en pointe montante* (3).

Une ordonnance de l'Intendant du 10 mai 1680 enjoint au représentant du sieur Malpoy, d'une ancienne famille bourgeoise de Dijon, qui portait : *d'azur au chevron d'or, accompagné en chef de deux étoiles d'argent et en pointe d'une motte de sinople surmontée d'une touffe de pois d'argent*, d'avoir à payer les redevances « y spécifiées » pour des maisons et meix situés à Ouges, aliénés par l'abbaye de Citeaux en 1597 (4).

Terminons ce chapitre en rappelant qu'il n'y avait pas seulement, parmi les forains d'Ouges, des gens de robe portant armoiries, mais de simples artisans de la ville de Dijon ou des marchands des environs, comme

1. Arch. de la famille de Breuvant (titres et pap. divers).
2, Arch. de la Côte-d'Or, H. 482.
3. *Armorial Général de Bourgogne* publié par H. Bouchot, t. Iᵉʳ, p. 28.
4. Arch. de la Côte-d'Or, C. 2905, Peincedé, t. XXIX, p. 55.

par exemple Morisot, maître perruquier à Dijon, qui possédait une maison et un verger et Pierre Joly, marchand à Domois, qui avait, en 1772, d'assez jolies propriétés au pays. Cette famille Joly était fort riche : ainsi Hélène Bonséant, veuve de François Quarré d'Alligny, avocat général au Parlement, avait vendu, en 1721, à un sieur Bernard Joly, marchand à Ouges, un domaine sur Ahuy et Fontaine, pour la somme de 5500 livres !

CHAPITRE III

LA RÉVOLUTION A OUGES. — LE CHATEAU DE LA FAMILLE DE BREUVANT.

---

§ 1. — *Préliminaires de la Révolution.*

Les événements de la Révolution n'ont pas laissé de traces bien profondes à Ouges et l'on pourrait presque dire comme certain auteur, en parlant de Coucy-le-Château, que ce pays fut « du petit nombre de ceux où la tourmente révolutionnaire se fit le moins sentir (1). »

L'un des premiers et des principaux actes de la Révolution fut, on le sait, l'abolition de la taille et des corvées. Le Parlement de Dijon exposait dans ses remontrances du 4 avril 1790 que l'excès des impôts connus sous le nom de taille et autres accessoires de la taille, avait porté le découragement parmi les cultivateurs de la

---

1. Cf. Taine, *les Orig. de la France contemporaine* (la Révolution), III, p. 321, note 3.

Bourgogne ; il se plaignait de ce que l'édit du mois de février 1780, portant fixation du brevet de la taille de chaque généralité ne lui avait point été adressé ; « si ces représentations ont été inutiles, c'est aux ministres qu'il faut s'en prendre, et auxquels on a toujours à reprocher de vouloir écraser le peuple d'impôts (1). » En parlant de la taille, le chevalier d'Arlach dit que la suppression de cet impôt (fléau de la campagne) fera bénir à jamais le Souverain (2).

François Quillardet, cultivateur à Ouges, fit partie de la chambre du Tiers-Etat du bailliage de Dijon en 1789 et figure aussi dans la liste des administrateurs du district de la Côte-d'Or, séant à Dijon en 1791.

L'histoire du Tiers-Etat, rapporte Augustin Thierry, commence bien avant l'époque où le nom apparaît dans l'histoire du pays ; son point de départ est le bouleversement produit en Gaule par la chute du régime romain et la conquête germanique. C'est là que d'abord elle va chercher les ancêtres ou les représentants de cette masse d'hommes de conditions et de professions diverses que la langue sociale des temps féodaux baptisa d'un nom commun, *la roture*. Du vi[e] siècle au xiie, elle suit la destinée de ces hommes, en déclin d'une part et en progrès de l'autre, sous les trois formations générales de la société ; puis elle rencontre un champ plus large, une place qui lui est propre, dans la grande période de la renaissance des municipalités libres et de la reconstitution du pouvoir royal. De là, elle continue sa marche, devenue simple et régulière, à travers la période de la monarchie des Etats et celle de la monarchie pure, jusqu'aux états généraux de 1789.

---

1. *Réponse à l'imprimé anonyme, intitulé : Avis aux peuples*, p. 3 et 4, dans le Recueil LXX de pièces diverses sur la révolution, 25-R, Fonds de Juigné, n° 58 Bibl. de Dijon.

2. *Le Repos du Souverain, vœu de la nation*, etc., 2e éd. Avignon, 1789, p. 36 dans le Recueil de la Bibl. de Dijon, désigné à la note précédente,

Elle finit à la réunion des trois classes en une seule et même assemblée, quand cesse le schisme qui séparait du Tiers-Etat la majorité de la noblesse et la majorité du clergé (1).

Ouges pendant la période révolutionnaire fera partie du district de Dijon, canton de Rouvres. Un acte du 18 août 1791 semblerait dire que le village qui comptait alors 312 habitants, était chef-lieu de canton (2).

§ 2. — *Vente des biens nationaux à Ouges* (3).

Ainsi que nous l'avons dit il y avait un certain nombre de communautés religieuses de Dijon qui possédaient des propriétés sur le finage d'Ouges. La Révolution mit toutes les terres et autres immeubles des couvents ou maisons religieuses en adjudication comme biens nationaux.

L'abbaye de Citeaux avait une quantité considérable de biens à Ouges. Ils furent tous vendus dans le courant du mois d'avril 1791 ; la première adjudication eut lieu le 2 avril et comprenait 25 journaux un quart, sur Ouges et Chevigny-Fénay, une grange, écurie et deux moulins avec les rouages, au lieu *des Etangs*. D'après le prix du bail passé le 4 juillet 1789 à Pierre Quillardet, marchand fermier d'Ouges, les terres, granges et dépendances, dont il s'agit, furent estimées 15.664 livres, et prises par Alexandre Bouguet, citoyen à Dijon, pour 30.200 livres. Le 27 du même mois d'avril 1791 on vendit 388 journaux de terres labourables, prés, grange, écurie, enclos, jardin, etc., plus un journal de terre lieu dit *à la bonne Catherine*; estimés 61.221 livres 12 sols, sur le rapport des sieurs Bernard Morel et Antoine Beaupoil, arpenteurs et commissaires à terriers demeurant à Dijon, ils sont acquis

1. *Essai sur l'hist. de la formation et des progrès du Tiers-Etat*, 1853.
2. Arch. de la Côte-d'Or, Q. 2, liasse 40, cote 25.
3. Tout ce qui est dit dans ce paragraphe est tiré des archives de la Côte-d'Or, série Q, carton 109.

pour la somme de 160.000 livres par Emmanuel Cretet, «officier municipal de Paris, y demeurant, rue de Richelieu, paroisse Saint-Roch », qui déclara en faire l'acquisition pour Louis-Alexandre Laligant. Le même jour 16 journaux de terres en 16 pièces qui étaient affermés à Pierre Quillardet, et estimés sur le rapport d'expert, du 16 novembre 1790, à la somme de 2.564 livres 9 sols 4 deniers, furent adjugés à un sieur Richard, cultivateur à Longvic, pour 7.500 livres.

Après la vente des biens de l'abbaye de Citeaux c'est le tour de ceux de la cure d'Ouges. En 1791 on mit en adjudication 27 journaux de terres affermés à Denis Poichot et estimés, d'après le bail, à 6.340 livres 16 sols ; ils furent acquis le 11 juin par François Quillardet, citoyen d'Ouges et associés, pour 10.950 livres. La maison avec grange, écurie et petit jardin attenant que possédait la cure et qu'elle tenait de la libéralité du prêtre Jacquemin fut mise aussi en vente, bien qu'occupée par le maître d'école (1). Adjugée à Pierre Cornemillot, le 21 avril 1792, pour 1880 livres « partagées en douze portions égales et revenant chacune à la somme de 156 livres 13 sols 4 deniers », payable en l'espace de douze ans, à dater du 21 avril 1793, « pour l'exécution de quoi il a hypothéqué spécialement les dits biens ci-dessus vendus et généralement tous ses autres biens », nous savons ce que devint cette adjudication. On vendit encore, le 15 janvier 1793, des terres, bâtiment et dépendances appartenant à la cure et à la fabrique d'Ouges; une partie de ces biens furent achetés par un sieur Amiot.

Le chapitre de la collégiale de Saint-Jean de Dijon avait à Ouges, au moment de la révolution, 30 journaux de terres labourables. Estimés, d'après le bail du 22 mai 1784, à 6.711 livres 13 sols, ils furent vendus à François Quillardet et Pierre Cornemillot, tous deux marchands

1. V. *Hist. de Chenôve*, p.262, où semblable fait s'est produit.

à Ouges, pour la somme de 8.650 livres, le 24 novembre 1790.

Avant la réunion de la mense conventuelle du prieuré d'Epoisses au séminaire de Chalon-sur-Saône, par lettres patentes du roi, enregistrées au Parlement de Dijon, le 14 juillet 1777, ce monastère, situé dans le voisinage de la paroisse d'Ouges, avait un petit domaine sur son finage. Estimé lors de la vente des biens nationaux, par rapport d'expert du 9 janvier 1791, à 13.633 livres 5 sols, il passa, le 9 avril suivant, par la voix des enchères, entre les mains de François et Jacques Quillardet, cultivateurs, à Ouges, qui avaient charge et pouvoir de Pierre-Joseph Bresson, négociant au même lieu. Ces propriétés, qui furent payées 27.400 livres, en assignats, comme toutes les autres que nous venons de signaler, consistaient en maison, terre et prés ; on évaluait à environ 30 journaux de terres les biens du séminaire de Chalon dans la commune d'Ouges.

La Sainte-Chapelle de Dijon possédait environ « dix-huit journaux sept douzièmes de terres labourables en 20 pièces. » Amodiés par bail du 8 mars 1783, signé de Guillaume Le Prince, « chanoine et agent du chapitre de la Sainte-Chapelle », à Nicolas Dubois père et Bernard, son fils, laboureurs à Ouges, moyennant 54 mesures de froment, les biens de cette église, mis en vente le 1er décembre 1790, furent acquis, sur la mise à prix de 4.672 livres 6 sols, par François Quillardet et François Pain, pour 6 750 livres.

On se rappelle que nous avons dit, dans la 1re partie de cette étude, que 6 quartiers de terre avaient été donnés au curé d'Ouges pour la desserte de la chapelle de Préville. Ces six quartiers, vendus comme bien national, sont acquis le 15 janvier 1793, par le sieur Pierre Amiot. Cela motiva une revendication des héritiers Morin dont il ne fut tenu aucun compte (1).

1. Arch. de la Côte-d'Or, Q. 2, liasse 13, cote 39.

§ 3. — *Le château d'Ouges actuel.*

Au Petit-Ouges, à proximité de l'église, on admire une construction de belle apparence. C'est le château appartenant encore aujourd'hui à la famille de Breuvant qui le possédait déjà avant la Révolution. Rebâti en 1763 par le grand-père du propriétaire actuel, il se distingue des autres habitations bourgeoises du village par un fronton triangulaire de chaque côté duquel on a ajouté deux tours rondes. Il a plus d'un point de ressemblance avec le château de Longecourt, bâti partie au XVIᵉ et au XVIIIᵉ siècle. A l'intérieur on remarque une cheminée ancienne avec plaque en fonte de 1743 sans armes.

L'acte de vente du château d'Ouges, mis aux enchères, comme bien national, ne nous fournit pas, sur cette bâtisse, de désignation détaillée. C'est dans les termes suivants qu'il a été rédigé :

« Un domaine situé à Ouges et lieux voisins, canton de Rouvres, consistant en maison de fermier, grange, petite écurie, tec à porc et dépendance ; *maison de maître ;* un enclos formant jardin et verger ; petite maison de fermier avec un mauvais hébergeage; 160 journaux de terre et deux soitures de prés. — Le dit domaine provenant d'Antoinette Morel, veuve d'Henri Gauthier [de Breuvant] dont les biens ont été déclarés nationaux et aliénables par les lois des 9 février, 30 mars, 14 août, 2 septembre 1792 ; 1ᵉʳ février, 28 mars, 3 juin 1793 et 21 ventôse an III, d'après l'inscription de ses enfants sur la liste des émigrés du 3 octobre 1793 et le séquestre mis sur ses biens en vendémiaire an III... (1). »

Nous ne possédons aucun document authentique duquel on puisse conclure que l'habitation de la famille de Xainctonge aurait été construite à l'emplacement du château d'Ouges. La présence d'une platine de che-

1. Arch. de la Côte-d'Or, Q. 109. — Au moment de la vente, le château était gardé par Antoine Perreau, concierge.

minée à leurs armes : *d'azur au chevron d'or accompagné en chef de deux étoiles de même et en pointe d'un croissant d'argent*, dans une construction dépendant du château, n'est pas, à notre humble avis, une preuve absolument irréfutable (1) ; car il faut bien admettre que ces sortes d'objets peuvent se déplacer facilement, et nous avons des exemples d'anciennes plaques de foyer rapportées dans des maisons modernes.

Il est souvent fait mention dans les documents du xvii⁰ siècle de trois meix que l'on prétend englobés dans le domaine possédé aujourd'hui par la famille Gautier de Breuvant ; un acte de 1687 nous dit que c'étaient les meix Guillot et de la Fontaine et « celui qui le joint appelé présentement le meix Xaintonge... » Il est encore parlé de ce dernier dans une longue pièce de procédure rédigée, l'année d'avant, à propos de dîmes, cens et autres droits seigneuriaux sur des meix et héritages appartenant à la famille Gautier et réclamés par l'abbé de Cîteaux (2).

« ..... Il fault, dit ce document, adiouter que dans led. enclos il y a encore une terre labourable qui provient du sieur de Xaintonge qui n'a aussy jamais deue cens à Cisteaux et partant ne peut être exempte de dixme, estant le tout une terre labourable *esloignée de demy quart de lieu de la maison de la dite Dlle Gauthier*, ainsy qu'il se veoid par toutes les pièces produites, etc...... »

C'est apparemment sur cette terre, ancien meix de la famille de Xainctonge, qu'avait été édifiée la maison des champs dont parlent tous les auteurs de la vie d'Anne de Xainctonge. — Une observation, en marge des quelques lignes ci-dessus reproduites, nous apprend que

1. C'est dans la cuisine du bâtiment qui sert au jardinier que se trouve cette belle plaque armoriée ; les deux étoiles du chef sont figurées par deux fleurons ressemblant à des quintefeuilles et le croissant d'argent en pointe est accompagné du millésime 1575. Ce chiffre correspond peut-être, disait feu l'abbé Morey, au temps où les Xaintonge prirent possession de cette maison, car le meix est déjà signalé comme leur appartenant en 1581. (Notes posthumes de M. Morey).

2. Pernette Maire, femme Gautier, dont nous aurons encore plusieurs fois l'occasion de citer le nom, eut de nombreux procès avec les religieux de Cîteaux.

« led. meix est au milieu du village et qu'il a esté *autrefois accompagné d'une maison....* »

Revenons à l'habitation de la famille de Breuvant.

L'ancien colombier du château (tour carrée) existe toujours. Son agencement est encore conservé. Son échelle pivotante desservait environ cinq cents caissettes en torchis, représentant cinq cents nids de pigeons. Cette tour inoccupée aujourd'hui était comme le point principal de la basse-cour, et la multitude de ses nids explique les plaintes, sans cesse renouvelées, des propriétaires et laboureurs, contre les ravages des pigeons (1).

L'emplacement sur lequel est construit le château, le parc et les dépendances est désigné, au plan cadastral de la commune d'Ouges, sous le nom de *meix Janusse*, et comprend environ 2 hectares et demi.

§ 4. — *Les propriétaires du château.*

On a compris que nous voulons parler à cette place de la famille Gautier de Breuvant ou Brevant qui possède depuis de longues années le château d'Ouges.

En 1587 les Gautier habitaient déjà Ouges (2). Claude Gautier, mari de Pierrette ou Pernette Maire, dont nous avons déjà parlé, acquit et échangea de nombreuses terres sur le finage de la communauté. C'est lui qui achète à Mme Quarré d'Alligny le meix Xainctonge « d'un demy journal » auquel il unit en 1647 celui de la Fontaine, « originairement de trois quartiers » ; quant au meix Guillot, vendu en 1581 au Sr Fleutelot et tombé par voie d'échange entre les mains des Cisterciens, vers 1654, il passa dans la suite à la famille Gautier qui le possédait en 1687. Ce meix contenait 6 journaux dont 5 quartiers qu'on appelait le *meix franc* « tirez du patri-

---

1. Notes posthumes de M. le chanoine Morey, communiquées par Mme la Supérieure de la Congrégation de Sainte-Ursule, à Dijon.

2. Cette famille porte : *D'argent, au chevron d'azur, accompagné de trois abeilles de sable.*

moine de la cure d'Ouge suivant le contrat d'échange
passé par le sieur Loppin le 16 juin 1654... »

Claude Gautier n'était plus du monde en 1687. Mais
sa veuve qui lui survécut longtemps s'occupa beaucoup
du domaine d'Ouges et nous la trouvons mêlée à plusieurs
procès. Un jugement de l'Intendant ordonne estimation
des héritages qu'elle possédait et provenaient en partie
de « ceux acquis des abbés et religieux de Citeaux qui
les avaient eux-mêmes acquis des habitants d'Ouges, par
contrat du 2 avril 1647 » (1). Le 31 janvier 1681 un
autre jugement de l'Intendant déclare que les biens qui
appartenaient à la veuve Gautier proviennent des habitants et ont été aliénés par l'abbé de Citeaux en 1649.

En 1687 Pernette Maire discute avec les Cisterciens
au sujet des meix de la Fontaine, de Xainctonge et
Guillot qui, d'après les terriers d'Ouges dressés par
Martène et Procez, « devoient taille haute et basse deux
fois l'an à volonté en grains, et aussi chacun deux corvées, une poule et un cochon... » Les moines de Citeaux
prétendaient que ces meix n'avaient jamais dû de cens.
Pourtant, leur fait observer la veuve de Claude Gautier,
les propriétaires ont toujours payé des redevances qui
pourraient bien tenir lieu de dîmes ! Il n'y avait plus de
bâtiment sur ces trois meix, parce que, dit un titre, « ils ont
été ruinés depuis les guerres... »; mais comme les moines demandaient que les places labourées aient à payer
la dîme, la dame Gautier répond à cela par un mémoire
qu'elle termine en disant : « Qu'il y auroit de l'injustice
que le malheur qui a privé les propriétaires des bâti-
mens leur eut encore attiré la charge de payer la dis-
me... (2). » Aussi Pernette Maire se refuse à cette obligation pour ce qui concerne « le meix de la Fontaine
autrement dit de Jean Gus (3). » Une sentence de 1687 la

1. Arch. de la Côte-d'Or, C. 2904.— Peincedé, t. XXIX, p. 68.
2. Arch. part. de la famille Bréuvant.
3. Le meix Janusse sur lequel est construit le château de la famille
Gautier est sans doute une corruption de cette ancienne appellation
Jean Gus. — Le meix de la Fontaine, qu'il ne faut pas confondre avec
les prés sis près de la Fontaine d'Ouges (V. plus haut, 3ᵉ partie, cha-

condamne à s'acquitter envers l'abbé de Citeaux. Trois ans plus tard, en 1690, nous voyons cette châtelaine passer un contrat d'échange, avec dom Baltazar Ledoux, de 5 quartiers de terre, compris dans un meix de 7 journaux, au Petit-Ouges et appartenant à l'abbaye.

Le hasard a fait tomber un jour entre nos mains une feuille locale où se trouvait un article de l'un de nos jeunes chroniqueurs dijonnais sur l'ancien cimetière de Dijon (1). L'auteur, en parlant de la tombe de Charlotte Joly de Bévy, morte à 22 ans, confond les de Breuvant, d'Ouges, avec une autre famille également bien connue des de Beuverand, originaire de Chalon : « ... J.-B. Louis-Gustave comte de Beuvrand, dit M. Jean Rima, mourut à Ouges à l'âge de 85 ans. Son fils habite encore le château familial. Les de Beuvrand (Beuvrand de la Vernotte, Beuvrand de la Loyère) sont de la plus vieille noblesse de Bourgogne... Elle donna des maires, des officiers au bailliage, deux conseillers au Parlement de Bourgogne, un conseiller secrétaire en la chancellerie de la même cour. Nous les trouvons, en 1669, à côté des de Berbis, de Berbisey et autres grands noms bourguignons justifiant de leur seize quartiers de noblesse... »

Cela est inexact! nous avons précédemment donné des preuves du contraire. Au chapitre *le Cimetière* nous reproduisons l'inscription d'une pierre tombale de la famille Gautier de Breuvant (et non pas de Beuvrand); en tête de ce présent paragraphe nous citons encore un nom de cette famille qui remonte à noble Jean Gautier mort en 1618 laissant deux fils : Jean qui devint référendaire en la chancellerie du Parlement de Bourgogne et décéda en 1653 et Pierre, aumônier du roi et doyen de la chapelle aux Riches de Dijon.

Claude Gautier de Brevant, écuyer, avocat au Parlement, qui épousa, en 1654, Pernette Maire, que nous

pitre II, § 10), se trouvait, si l'on en croit la tradition, à l'emplacement qu'occupe la maison de Mᵐᵉ de Chamberet, près de l'église d'Ouges.
1. *Progrès de la Côte-d'Or* du lundi 12 novembre 1894.

connaissons, était fils de l'avocat Jean Gautier et de Avoye Taisant. Il n'eut qu'un enfant : Jean-Baptiste qui, lors de son mariage en 1688, était écuyer, et lieutenant général au bailliage de Dijon (1).

Henri Gautier, fils de Claude, écuyer, seigneur de Brevant (*alias* Brevand), habita longtemps Ouges. Il était écuyer, gendarme de la garde du roi, et fut reçu en la chambre de la noblesse des Etats de Bourgogne le 16 juillet 1766.

Plusieurs membres de la famille de Brevant, reçurent les ordres sacrés. On trouve Pierre qui devint, nous l'avons vu, doyen de la chapelle aux Riches ; Bénigne-Michel, qui embrassa l'état ecclésiastique et Bernard qui entra dans la compagnie de Jésus en 1713, étaient tous deux fils de Jean-Baptiste Gautier, écuyer, lieu-tenant général au bailliage de Dijon et de Reine Pau-pye. — Enfin nous avons encore Pierre, chanoine de la Sainte-Chapelle, fils de Claude II, écuyer, seigneur de Brevant, maître des comptes en 1728 et de Anne-Marie Gupillot. Tous ces ecclésiastiques, qui venaient fréquemment à Ouges, ont sacrifié dans l'église bien des fois. Il y en a même un qui desservit la paroisse par intérim, pendant quelque temps, en 1733.

Au moment où éclatait la Révolution, Antoinette-Jeanne Morel, la veuve d'Henri Gautier de Brevant, chevalier de Saint-Louis, habitait le château d'Ouges. Son mari l'avait laissée veuve avec trois garçons (2). Nous connaissons Pierre Gautier, par une demande qu'il pré-senta à l'effet d'obtenir sa radiation de la liste des émi-grés ; il mourut le 15 frimaire an III (vendredi 5 décembre 1794), après avoir servi jusqu'à cette époque dans le 8e bataillon de la Côte-d'Or. Son frère Claude était mort le 18 fructidor an II (jeudi 4 septembre 1794) au service de la

1. J. d'Arbaumont, *Armorial de la Chambre des comptes de Dijon*, p. 271.
2. Un de leurs fils, Jean-Baptiste-Bernard, mourut à Ouges le 14 jan-vier 1773 et fut inhumé au cimetière (arch. communales d'Ouges, reg. de l'Etat civil).

République dans le bataillon de sapeurs de la section de Gravillier. Enfin nous savons que le troisième fils de Henri Gautier, Pierre, avait 22 ans en l'an VIII (1799). Au moment du décès de sa mère, il était en garnison à Besançon.

La dame Gautier de Brevant mourut à Dijon, rue du Petit-Potet, le 28 nivôse an II (vendredi 17 janvier 1794). Regardée comme veuve d'émigré l'inventaire de ses meubles, effets, titres et papiers, tant à Dijon qu'à Ouges, suivit de près son trépas. Les citoyens Chamberland et Chauchot furent délégués en qualité d'officiers municipaux de la commune de Dijon, pour assister à l'estimation qui précéda de quelques jours la vente aux enchères (1).

Outre le château d'Ouges, la défunte possédait aussi des bois sur le territoire de ce village. Les fonds qu'elle avait à Ouges lui rapportaient, en 1789, 3083 livres ; de toutes les propriétés dont elle jouissait c'est le domaine qui lui procurait le plus de revenus. Mis en vente il fut acquis par Jacotot, professeur à l'école centrale de Dijon. Il rentra plus tard dans les mains de la famille de Brevant d'où il n'est pas sorti depuis.

§ 5. — *Le curé constitutionnel d'Ouges.*

Bénigne Décombes, qui était à la tête de la paroisse d'Ouges au moment de la Révolution, quitta la cure et s'exila ; il ne revint à Ouges qu'en 1797 (2). Le capucin Pierre-François Saget lui succéda et devint, par suite

1. Arch. de la Côte-d'Or, Q. 2 (1793-1829), liasse 105. — Sur Antoine Chamberland voir : *Biographie de Messire Chamberland*, p. 75.

2. Le curé Décombes était encore à Ouges en 1791. On le voit demander au Directoire de Dijon une ordonnance pour qu'il puisse toucher, de ses fermiers et locataires, les arrérages de son bénéfice échus en 1789, observant « qu'il a payé le premier tiers de sa contribution patriotique, ainsi qu'il en justifie par la quittance du collecteur du 1er Mai 1790... » Le Directoire après avoir constaté que le Sr Décombes a rempli les conditions exigées par les décrets de l'assemblée nationale des 6 et 11 août 1790 l'autorise à toucher les arrérages de son bénéfice.

D'une déclaration fournie au district de Dijon, en 1791, par l'abbé de sa prestation de serment, le curé constitutionnel de la nouvelle commune.

On n'ignore pas qu'aux termes de l'article 352 du titre XIV des dispositions générales de la constitution il est dit que la loi ne reconnaît ni vœux religieux ni aucun engagement contraire aux droits naturels de l'homme. L'article 354 ajoute que nul ne peut être empêché d'exercer, *en se conformant aux lois*, le culte qu'il a choisi. Nul ne peut être forcé de contribuer aux dépenses d'aucun culte, la République n'en salarie point (1).

Pour se conformer aux lois, l'ex-capucin Saget ne se fit aucun scrupule de prêter serment à la constitution civile du clergé et, pour obéir aux prescriptions du décret du 27 novembre 1791, il le prêta un jour de dimanche, à l'issue de la grand'messe. Enfin, pour se mettre en règle avec tous, le curé constitutionnel d'Ouges se fit décerner acte, par la municipalité du lieu, de sa soumission aux lois de la République ; un décret déclarait, en effet, que nul ne pouvait remplir le ministère d'aucun culte, à moins qu'il n'eût satisfait à cette obligation.

Sous la courte administration du curé Saget les officiers municipaux d'Ouges procédèrent, le 18 août 1791, à l'inventaire du mobilier de l'église. Ils trouvèrent :

1° *Sur le maître autel :* six grands chandeliers de 24 pouces de hauteur, quatre de 13 pouces, une petite croix avec la croix de la procession, une « assensoir » et une navette, le tout de cuivre.

« Une petite croix en argent donnée par Étienne Fléau et sa femme, un calice, un ciboire, le tout en argent.

« 2° *Autel Saint-Eloi :* Une petite croix, deux chandeliers, le tout de cuivre, quatre bouquets de papier et deux nappes.

Décombes, il résulte que la cure d'Ouges lui rapportait un revenu net de 1752 l. 10 s. 10 d. déduction faite de 2 l. dont il était chargé envers la fabrique. Son traitement est en conséquence réglé à la somme de 1476 l. 5 s. 5 d. (Arch. de la Côte-d'Or, K. reg. 10).

1. *Constitution de la Républ. franç. et lois y relatives.* Paris, an IV, p. 101.

« 3° *Autel de la Vierge* : Même décoration que celle de Saint-Eloi.

« *A la sacristie* : quatre parmans d'autel, huit bou-quets en papier, un missel, quatre grandes aubes, qua-tre petites, deux surplis, six amics, une douzaine de purificatoires ; une chasuble blanche en satin broché avec de faux galons ; une rouge en pareille étoffe et même galon ; une noire en damas, même galon ; une verte, même galon ; une blanche de soie, même galon ; une rouge de satin, galon de soie ; une noire, galon de soie ; une violette « de camelot » galon de soie ; une chape avec de faux galons.

« Sept livres, savoir un graduel, un antiphonaire, un psautier, trois processionaux et un rituel.

« Un daix et franges de satin.

« Une paire de burettes (la seule qui soit à l'église) et une « ascensoire » le tout en argent.

« Deux aubénitiers d'étaing (1). »

Ainsi qu'on le voit il n'y avait pas un bien riche mobilier à l'église d'Ouges.

Le curé Pierre Saget fit en 1794 une renonciation pure et simple de son caractère de prêtre et figure de ce fait sur la liste des déprêtrisés publiée par le journal dijonnais *Le Nécessaire* (du 4 juin 1794, n° 29, p. 114).

En 1797 son prédécesseur l'abbé Décombes, étran-ger déjà depuis quelques années aux événements qui faisaient tant de bruit dans l'Eglise, revint à Ouges et se voua tout entier aux devoirs de son ministère, dont il s'acquitta jusqu'en 1803 avec beaucoup de bénédiction. Saget, qui dut se rétracter, fut, après la Révolution, d'assez longues années curé de Fénay et se fit aimer de ses paroissiens. Il reparut en 1828, dans la paroisse d'Ouges alors privée de pasteur, et la desservit quelque temps ; les comptes de la fabrique qui nous révèlent ainsi sa présence, nous apprennent encore qu'il reçut 50 francs pour ses honoraires.

1, Arch. de la Côte-d'Or, Q. 2, liasse 40, côte 23.

9

Nous voici arrivé au terme de notre travail. Nous avons fait passer sous les yeux du lecteur bienveillant une série de chapitres — que nous avons cherché à rendre aussi intéressants que possible — sur les différents points de l'histoire civile et religieuse du village d'Ouges. Nous avons tâché de ne rien omettre des faits et des souvenirs qui se rattachent à cette commune et nous avons, par dessus toutes choses, pris un soin spécial de les faire revivre, en les présentant sous une forme claire. Si nos lecteurs ont pris, à cette étude, quelque intérêt et trouvé quelque profit, nous serons assez récompensé de nos efforts.

Notes, documents et pièces justificatives complémentaires.

I.

Additions à la géographie physique et à la topographie d'Ouges

(V. 1re partie, chap. 1er § 1 à 6).

Il est sans doute utile de rapporter que la gare d'Ouges fut construite en juin 1892.

— Entre 1463 et 1488 il est fait mention d'un procès soutenu au bailliage par les moines de Cîteaux contre la mairie de Dijon, au sujet d'un droit de vaine pâture sur le finage d'Ouges (1).

— Nous avons dit que l'on trouvait sur le territoire d'Ouges les écluses 60, 61, 62, 63. Ajoutons que ce fut un manouvrier du pays, nommé Pierre Leulliot, qui obtint, l'un des premiers, l'emploi de garde de la maison d'écluse sise à proximité du village. On trouve, en effet, qu'il présente, le 6 avril 1791, une requête au Directoire du département de la Côte-d'Or « pour obtenir à titre de bail, la maison éclusière du canal de la ci-devant Bourgogne, la plus proche du village d'Ouges, moyennant 24 livres par an et aux conditions de veiller à ce qu'il ne se commette aucunes dégradations aux portes de l'écluse, et sous le cautionnement de M. Quillardet, juge de paix du canton de Rouvres... » (2) Le Directoire consentit à l'amodiation sollicitée par Leulliot.

— Pour le climat des *Essarts au Varenot* qui se trouve cité, IIe partie, chap. II, § 2, et que l'on peut ajouter aux lieuxdits d'Ouges, voici une explication que nous a envoyée M. l'abbé Quillot, curé de Fixin : « Les Essarts sont des

1. Arch. de la ville de Dijon, D. 58.
2. Arch. de la Côte-d'Or, K² registre n° 10.

terres incultes et remplies de broussailles qui ont été essartées, défrichées. On appelle Varennes des terres d'alluvion moderne, noire et meuble. Ces termes les Essarts au Varenot veulent donc dire : terres défrichées dans la petite **Varenne**, c'est-à-dire près du ruisseau d'Ougès. »

— Le recensement de 1896 (nous avons omis de le dire dans le paragraphe *Statistique et Impositions*) donne à Ouges une population de 415 habitants.

— En 1872 il y avait dans le village 170 chevaux, 209 vaches, et 1405 moutons.

— Nous aurions sans doute pu ajouter un paragraphe au chapitre concernant les familles (V, IIIᵉ partie, chap. II) pour définir le caractère des habitants d'Ouges. Nous réparerons ici cet oubli en disant qu'ils sont non seulement adroits et habiles, mais encore, et par dessus tout, bons et obligeants (1) ; leur caractère, sous ce rapport, contraste singulièrement avec celui des habitants des villages de la côte qui, en général, sont si fiers et si orgueilleux. Il est vrai qu'à Ouges nous sommes en pays de plaine et que toute cette région est renommée partout, et depuis les plus anciens temps pour son hospitalité et ses mœurs affables.

L'habitant d'Ouges est quelquefois long à accorder son estime, sa sympathie et son amitié. Mais alors lorsqu'il a donné l'un et l'autre, c'est pour toujours, et, quoi qu'il advienne il ne saurait l'oublier.

Il n'existe, à Ouges, aucune société de secours mutuels, mais s'il arrive malheur à quelqu'un de la localité, tous les habitants s'offrent spontanément à venir en aide, de toutes sortes de façons, à l'infortuné. Ce trait, qui nous a été rapporté par une personne du pays, prouve le bon cœur des gens d'Ouges (2).

1. Ce n'est pas d'aujourd'hui que l'on constate combien les habitants d'Ouges sont intelligents : En 1369, six gros sont payés à Monot, d'Ouges, messager, pour avoir été à Beaune afin d'y prendre connaissance du traité conclu par les chevaliers du pays avec le roi d'Angleterre (traité de Guillon de mars 1359). Arch. municip. de Dijon, série L, 334. Dans la liste des souscriptions offertes au comité de la défense nationale de la Côte-d'Or, en 1870, la commune d'Ouges figure pour 200 francs.

2. S'il n'y a pas de société de secours mutuels à Ouges, on y trouve pourtant un bureau de bienfaisance. Il y a encore, comme sociétés, une [subdivision de sapeurs pompiers (25 hommes, Moreau, sous-lieutenant) *Annuaire départemental de la Côte-d'Or*, 898, p. 168] et une association d'anciens élèves de l'école des garçons. — Il est juste de dire que la commune est pourvue d'une école laïque de filles (institutrice actuelle Mlle Ormancey).

Nous ne dirons rien du sobriquet fort désobligeant dont Clément-Janin a cru devoir gratifier les habitants d'Ouges, sinon que c'est une invention qui n'a pas sa raison d'être. De toutes les personnes de la localité que nous avons interrogées à ce sujet, pas une ne soupçonnait que l'on appelât ses ancêtres *des sacards* (1).

Il ne nous est pas possible non plus de savoir où Clément-Janin a puisé ses informations pour nous rapporter dans sa causerie du *Progrès de la Côte-d'Or* du 12 mai 1884 le fait suivant : «.... à Jérusalem ou trouve un missionnaire *M. Bresson, d'Ouges,* qui recherche, m'a-t-on dit, la maison habitée par la Vierge, afin d'y fonder un asile...» Il y a bien dans le clergé régulier du diocèse un prêtre du nom de Augustin-Pierre Bresson, qui appartient à l'ordre des Pères blancs d'Alger et qui est actuellement, à Zanzibar, mais jamais personne n'a ouï dire qu'il se soit occupé à Jérusalem de rechercher le tombeau de la Vierge ; de plus il n'est pas né à Ouges, mais à Longecourt.

Nous ferons suivre ces quelques lignes d'une autre rectification qui s'impose dans l'intérêt de la vérité. On a fait naître à Ouges (diocèse de Dijon) un frère de la doctrine chrétienne : Roger (Jean-Charles), en religion frère Amérius (2). Or c'est à Ouges (Haute-Saône) que naquit ce religieux, mort à Paris le 21 janvier 1893, âgé de 62 ans.

II

Les ruines romaines du Vernois à Ouges

(V. 1re partie, chap. ii, § 3.)

Au moment ou nous corrigions les épreuves de la première partie de cet ouvrage, M. Charles Curé, propriétaire de la ferme du Vernois, nous entretenait, à la mairie d'Ouges, des intéressantes découvertes qu'il avait faites autour de sa propriété (3). Il nous annonçait aussi que la plupart des objets trouvés avaient été remis à M. Clément Drioton.

---

1. *Sobriquets* (Arrond. de Dijon), 2e édition, p. 73.

2. *Notices nécrologiques trimestrielles*, publiées par l'Institut des Frères, no 457, Janvier-Février et Mars 1893, p. 69 à 76.

3. Non loin de la ferme du Vernois se trouve une borne avec armes de Cîteaux avec la date de 1678.

Nous avons fait depuis cette révélation la connaissance de M. Drioton qui, le 16 décembre 1897, devenait notre collègue à la Commission des antiquités de la Côte-d'Or. Sur notre demande il a bien voulu nous fournir la note suivante concernant les découvertes archéologiques du Vernois (1) :

« Pendant l'hiver de 1891-92, M. Curé découvrait à 100 mètres au sud est de la ferme du Vernois des substructions antiques et divers objets et médailles de l'époque romaine. Aucune découverte de ce genre n'ayant encore été signalée sur le territoire de la commune d'Ouges, et les objets découverts ayant été gracieusement mis à notre disposition par M. Curé nous en avons dressé l'inventaire en y joignant la liste des principaux débris que nous avons nous-même recueillis à la surface du sol au milieu des ruines qui occupent une superficie de plus d'un hectare.

« *Objets en fer.* Clous de toutes formes et dimensions, l'un d'eux à tête ronde et plate mesure 19 cent. de longueur, hachette, petite enclume pour faux, clef, gond et penture de porte, charnière de coffre, crochets, entraves en fer avec chaîne de 50 cent. de longueur, différents objets en fer et en bronze dont il est difficile de déterminer l'usage.

« *Objets en verre.* Belle tête de lion (diam. 27 mill.) ayant servi d'anse à un vase de verre ; disque en pâte de verre noir opaque (diam. 28 mill.).

« *Médailles.* Moyen bronze de la colonie de Nîmes au type du crocodile enchaîné.

« Grand bronze, Crispine, femme de Commode : CRISPINA AVGUSTA, revers, CONCORDIA s. c. La concorde assise tenant de la main droite une couronne, de la gauche une corne d'abondance : Grand bronze, Gordien, IMP. CAES. M. ANT. GORDIANVS. AVG., revers, PROVIDENTIA. AVG. S. C. La Providence debout et regardant à gauche.

« *Poteries.* Nombreux fragments de poterie en terre rouge sigillée avec ornements, et de poterie commune rouge, grise et noire. Débris d'amphores.

1. Les objets cités dans la nomenclature qui va suivre ont été présentés le 16 juin 1898, par M. Clément Drioton à la Commission des antiquités, à l'appui d'une communication.

« *Meules*. Plusieurs débris de meules en granulite et en basalte d'Auvergne.

Ossements. Bois de cerfs, défenses de sangliers, ossements divers.

« *Tuiles et briques*. Nombreux fragments de tuiles à rebords et de tuiles creuses. Fragment de tuile légionnaire portant LEG dans le cartouche ordinaire (hauteur des lettres 12 mill.), le numéro de la légion manque malheureusement, c'est probablement la VIIIme Augusta dont on rencontre fréquemment les tuiles dans notre région. Brique ronde pour colonne de 19 cent. de diamètre et 4 cent. d'épaisseur. Conduites d'eau de forme carrée et de 16 cent. de côté.

« *Matériaux de construction*. Béton ayant formé l'aire des habitations ; il est composé de tessons de poterie liés avec une pâte de chaux, c'est l'opus signinium de Pline (*Hist. nat.*, XXXV,46). Fragment d'enduit mural peint en rose avec lignes d'encadrement blanches. Pierres sciées (pierre blanche d'Asnière et calcaire compact du bathonien moyen). La pierre employée de préférence pour la construction est le calcaire oolitique blanc du bathonien moyen. Cette pierre provenait des carrières de Chenôve qui paraissent avoir été exploitées dès l'époque romaine.

« Les pierres calcinées, les cendres, les fragments de métal et de verre en partie fondus que l'on rencontre en abondance au milieu des ruines indiquent suffisamment que les bâtiments qui s'élevaient ence lieu et devaient former une importante villa, furent détruits par un violent incendie, sans doute, lors des invasions barbares du IIIe ou du IVe siècle.

CL. DRIOTON, »

III.

Acte de décès de Gabriel Revel, auteur du tableau de Saint-Pierre d'Ouges et autre pièce le concernant

(V. IIe partie, chapitre Ier § 3)

Le neufviesme de Juillet 1712 mourut le Sr Gabriel Revel, peintre de Lacadémie Royalle, âgé environ de 68 ans ayant esté muny des sacrements, et fut inhumé au charnier de cette église en présence de Messrs les chanoines qui ont assistés processionnellement à son convoy et des témoins soussignés.

Pernot (1).

(Mairie de Dijon. — Actes de la paroisse Saint-Jean).

1713.

Requête en modérations d'impôt présentée par Jeanne Bou don, veuve de Gabriel Revel, peintre de l'Académie royale ; elle expose que « sur les justes remontrances qui furent faites en 1712 aux maire et échevins, la cote de son mari fut réduite à 25 livres, que depuis le décès de celui-ci ses deux filles ont pris leur établissement à Lyon, de sorte qu'elle n'a plus aujourd'hui le secours qu'elle recevoit autrefois de l'habileté de son mari et de ses filles pour acquitter la même cote. » On lui remit 10 livres.

(Arch. municipales de Dijon, L, 107)

IV.

Identification des personnes inhumées dans l'église d'Ouges.
(V. ii° partie, chap. 1 § 5)

I. — Acte de décès de Pierrette Renaudot :

L'an 1760 le vingt-quatre juillet est décédée Pierrette Re nedot femme dhugue Maïllar marchand à Ouge, âgée de soixante et neuf ans ; munie de tous ses sacremens et a ét inhumée par moy curé soussigné le 25 juillet 1760, dans l'église Douge en présence de son mary, de son fils Pierrette (sic) Quillardet, fermier à Savouge, de son fils Etienne Quillardet, laboureur à Ouges et de sa fille Marguerite Quillardet demeurante à Ouge (2) qui se sont soussignés avec moy et encore messieurs Savet, curé de Savouge et Grosdidier, curé de Fénay avec Ternant, vicaire de Varenge.

Signé : H. Mailhard. — P. Quillardet. — Dugied. — D. Savet, curé de Savouge. — E. Quillardet. — N. Grosdidier,

1. Il n'y a pas d'autres signatures que celle de Pernot sur l'acte de décès de G. Revel.
2. Enfants de son premier mariage avec Zacharie Quillardet qui avait été célébré à Ouges le 15 février 1718. — Hugues Maillard, le second mari de Pierrette Renaudot, mourut à Ouges le 21 juillet 1766 « d'une apoplexie foudroïante. »

curé de Fénay. — J. B. Clopin. — Ternant. — J. Mailhard.
— Sage (curé d'Ouges).

II. — Acte de décès de Marie Gunnepin.

Cet acte n'a pas été retrouvé à Ouges. Il pourrait se faire
que cette personne ne fût pas décédée dans la paroisse, mais
simplement inhumée.

III. — Acte de décès de dame Saget.

Bien que nous n'ayons pas rencontré sa tombe, les registres paroissiaux nous ont appris son inhumation dans l'é-
glise :

Le dix-septième décembre mil six cent quatre vingt onze
Anne Saget, tante de monsieur l'Escot, agée d'environ quatre vingt et dix ans est décédée dans la communion de nostre
sainte Eglise après avoir receu les sacrements de pénitence,
eucharistie et extrême-onction et a esté *inhumée en l'Eglise*
de la paroisse d'Ouges le dix-huitième des mois et an que
dessus en présence de plusieurs personnes de ladite paroisse
qui ont assisté au convoi.

Signé : P. Jacquemin.

(Arch. communales d'Ouges. Registres paroissiaux ou état civil)

V.

La grange d'Ouges et le duc Philippe le Hardi.

(V. iii⁰ partie, chap. 1ᵉ § 2.)

Nous avons dit d'après les *Itinéraires de Philippe le
Hardi et de Jean sans peur* (1) que le duc fut le jeudi 28 oc-
tobre 1367 « disner à la Grange d'Ouges, souper et gister à
Rouvre. »

Le même ouvrage fait mention, aux dates ci-après, des pas-
sages du duc Philippe à Ouges :

1371, dimanche 14 décembre. « Mons. et madame, — disner à Ouges, — souper et gister à Dijon (2). »

1. Dans *Documents inédits sur l'hist. de France.* Paris, 1888, p. 42-
76-81-93-102-104-126.
2. Pour le 14 décembre 1371 jour où le duc et la duchesse dînèrent
à Ouges et vinrent coucher à Dijon, on remarque dans les dépenses de
la cuisine faites sous la direction de Jacquot de Grantson : 99 douzai-
nes de pains, 3 pintes de moutarde, 1 porc, 30 lapins, 8 moutons et 50
pièces de bœuf. (Arch de la Côte-d'Or, B, 329 20).

Mercredi 17 décembre « Mons. et madame, — disner à Ouges, — souper et gister à Rouvre. »

1372, lundi 26 avril « Disner à Ouges, — souper et gister à Dijon. »

1373, samedi 9 avril « Disner à Ouges, — souper et giste à Dijon. »

1374, vendredi 3 février « Disner à Ouges, — souper et giste à Rouvre. »

Vendredi 10 février « Disner à Ouges, — giste à Rouvre. »

Vendredi 14 avril « Mons. et madame, — disner à Ouges, souper et gister à Musigny (Messigny). »

1376, lundi 19 mai « Départ de Dijon, — disner à Ouges, — gister à Rouvres. »

1383.

Cheptel d'un troupeau de 160 moutons, appartenant à la duchesse Marguerite, pris par le religieux gouverneur du domaine de l'abbaye de Citeaux, à Ouges. (Arch. de la Côte-d'Or, B, 11307).

VI.

Testament de Messire Pierre Jacquemin, curé d'Ouges.

(V. 1re partie, chap. 1er § 6 — 2e partie, chap. 1er § 3 ; chap. 11 § 2 et 7 — 111e partie, chap. 11, § 4.)

L'an mil sept cent dix-neuf le vingtième jour du mois de septembre avant midy au lieu douge, en la maison curialle, pardevant le soussigné notaire royal, résidant à Rouvre, a comparu en sa personne Mre Pierre Jacquemin, prêtre curé dud. Ouge, malade de corps et alité, dans la chambre basse, sain d'esprit, jugement et entendement, ainsi qu'il a apparu a moy dit notaire et aux témoins enfin nommés ; lequel par ces présentes a fait son testament et ordonnance de dernière volonté ainsy qu'il en suit :

Donne et lègue à la fabrique de l'église paroissialle dud. Ouge, le bâtiment par luy construit près le cimetier de la d. église, à la réserve de la portion servante de grange et écurie, sur la rue commune, jusqu'à une séparation faite avec des perches fendües, depuis le bas jusqu'au toict, n'y ayant qu'un treige entre lad. séparation et l'habitation, lequel bâ-

timent sera toujours occupé par le maitre d'escolle qui jouira
aussy du terrain contigu mais néantmoins de l'agrément et
consentement des sieurs curés ses successeurs, voulant et
ordonnant qu'au cas que les fabriciens et habitans dud. Ouges
établiroient un maitre d'escolle contre le gré et le consentement des sieurs curés du lieu, ou qu'après avoir receu un
maitre d'escolle il vint à déplaire au xsieurs curés ses successeurs, le sieur curé pour lors l'expulse, et admodie led.
bâtiment et terrain contigu au proffit de lad. fabrique jusqu'à ce qu'il ait été satisfait; unit et incorpore au bénéfice
de la cure Douge le reste du bâtiment, cette part réservé dont
en tant que besoin seroit, il en fait don aux sieurs curés ses
successeurs à perpétuité (1).

Le tout néantmoins à la charge de par laditte fabrique de
faire célébrer annuellement à perpétuité dans l'Eglise dud.
Ouge quatre grandes messes de mort avec le Libera à la fin
pour le repos de son âme, et celles de ses parents ; l'une le
lendemain de la feste de saint Pierre de juin, une autre le
lendemain de la feste saint Pierre du mois d'Aoust, une autre
le lendemain de la feste de la chaire saint Pierre à Antioche,
et la quatrième le lendemain de la feste de la chaire saint
Pierre à Rome.

Et par les sieurs curés dud. Ouge de célébrer annuellement
à perpétuité dans la ditte Eglise six messes basses de mort,
à la volonté d'iceux, aussy pour le repos de l'âme dud. disposant et de celles de ses parents, dont sera fait contract aux
frais de lad. fabrique avec son héritier universel ou son exécuteur testamentaire cy après nommé.

Donne et lègue à Catherine Penet sa servante la somme
de cent livres payable immédiatement après la vente de ses
meubles, ensemble la somme de cent livres qu'il luy doit
suivant la déclaration qu'il en a faitte, sur son livre de raison, et de luy signée le sept janvier mil sept cent treize, dont
ledit sieur testateur luy a fait un billet séparé. Comm' encor
cent trois livres dix sept sols pour reste de ses salaires des
années précédentes, arrérages de lad. somme de cent livres,
et l'année entière de ses salaires et arrérages quoy que le tout
ne doive eschoir que le sept janvier prochain.

1. P. Jacquemin, en suite d'une déclaration du roi de l'an 1686 fit
abandon à l'abbaye de Cîteaux de tout le patrimoine de sa cure, pour
la portion congrue des curés d'Ouges,

Comme par le compte de recepte et dépense des revenus
de la d. fabrique Douge du premier janvier mil sept cent
dix-neuf, escrit sur un livre à ce destiné, signé dud. sieur
Jacquemin, il luy est deu par lad. fabrique la somme de
trente huit livres quatorze sols, six deniers par luy avancée
pour lad. fabrique, et que dautre part il doit à la queste de
lautel de la Ste Vierge environ une somme de trente livres, la fabrique remplacera ladite somme de trente livres
moienantquoy il la quitte, et décharge du surplus; et com-
pensation demeurera faitte d'une somme à lautre.

Donne et lègue à Me Jaque Pillet, curé de Bretenière, un
livre intitulé : *Hortus Pastorum*, un autre livre intitulé : *le
Concile de Trente*, et douze tomes de discours moraux.

Et quant au surplus de tous ses biens meubles et immeubles, noms, raisons, et actions dont il mourra vêtu et saisy,
il nomme et institue son héritier universel monsieur Pierre
Millot, grenadier à cheval de Sa Majesté, son neveu, pour
du tout en faire jouir et disposer comme bon luy semblera,
en vertu des presentes, à la réserve néantmoins de la propriété du fond cy après spécifié.

Mais comme led. sieur Millot son hériter est absent, et au
service actuel de Sa Majesté, ce qui fait qu'il ne pourroit point
recueillir sa succession, n'y exécuter les charges et clauses
de son testament, ainsy que le souhaitte led. Sr testateur,
iceluy prie M. Claude Gautier, advocat a la cour, fils de
M. Gautier, lieutenant général au Bailliage principal et siège
présidial de Dijon, y demeurant, d'accepter le présent testa
ment pour le sieur Millot son héritier universel, et den exe-
cuter touttes les charges, clauses et conditions, le nommant
à cet effect son exécuteur testamentaire. Et en conséquence
prie led. sieur Gautier de vendre ses meubles sans forme
ny procedure ainsy que led. Sieur Millot pourroit faire
et du prix en acquitte les debts et legs cette part énoncés. Et
faits, et recouvre les sommes deües aud sieur testateur ; et
quand aux honoraires qui lui sont deus par aucuns de ses
paroissiens qui sont écrits sur un livre en papier intitulé
livre de compte mil sept cent dix, lesquels ne seroient pas en
état de payer présentement, il deffend toutes poursuites en
jugement, et même quitte et décharge les pauvres.

Et les deniers et sommes qui resteront entre les mains

dud. sieur Gautier il les conservera au proffit dud. Sieur
Millot son héritier jusqu'à ce qu'il plaise à son héritier den
disposer autrement.

Veut et ordonne led. Sieur disposant qu'immédiatement
après son deceds il soit délivré a chacun des six plus pauvres
de la paroisse trois mesures de bled, et qu'il soit employé
une somme de vingt livres pour habiller des pauvres enfants
de la paroisse. Le tout au choix et a la prudence dud. sieur
Gautier.

Comme aussi veut qu'il soit payé la sómme de dix livres a
chacun de Messieurs ses confrères qui viendront à ses obsè-
ques; lesquels il prie de dire des messes pour le repos de
son âme à leurs volontés, et autant qu'ils le jugeront à propos.
Et ou (sic) quelques uns deux ne voudroient accepter cette
somme de dix livres il veut et entend que ce qui ne sera pas
accepté, soit accumulé a la ditte somme de vingt livres pour
en habiller un plus grand nombre d'enfants.

Et pour recognoître en quelque manière les peines, les
soins et les services que led. sieur Gautier est prié de prendre, led. sieur testateur le prie très instament d'accepter la
propriété d'un batiment et enclos qui appartient audit sieur
testateur, le tout en un continent scitué au grand Ouge ainsy
que le tout sestend et comporte et en lestat qu'il est ; lesquels
il luy legue et luy en fait don expres a cause de mort pouj
en jouir après la mort de sond héritier universel auquel il en
laisse la jouissance sa vie naturelle durant, et pendant l'ab-
sence dud. sieur Millot led. sieur Gautier aura soin, s'il luy
plait, de l'admodier et d'en toucher annuellement les loiers
pour en faire état a son dit héritier universel.

Veut et ordonne être inhumé dans le cimetier près la petite porte de l'Eglise dud. Ouges auprès la sepulture de sa
mère et de son frère (1), qu'il choisit pour la sienne. Com-
m'encor outre les quatre grandes messes dont il charge la
ditte fabrique il a charge encore d'obliger a perpétuité tous
les maîtres d'escolle aud. Ouge pendant tout le temps qu'ils
.auront des escoliers à l'escolle de les conduire tous les jours
sous les cloches óu sur sa sepulture et y réciter le psalme

1. Adrien Jacquémin, frère du curé, moutut à Ouges le 24 mars 1710,
é de 49 ans .

De profundis pour le repos de l'âme dud. testateur ce qui sera expressement énoncé dans le contract de fondation.

De tout quoy led. sieur testateur ma requis acte en cette forme que je luy ay octroié pour va'oir et servir ce que de raison, ayant déclaré n'avoir fait aucun précédent acte de dernière volonté dont il se souvienne, renoçant autant que besoin seroit tous ceux qu'il pourroit avoir fait, voulant que celuy seul subsiste, et sorte son plein et entier effect, comme étant sa dernière libre et franche volonté qu'il veut valoir, soit comme testament, soit comme donation a cause de mort. Et par toutte autre manière et forme que disposition a cause de mort peut valoir et subsister donc acte comme cy devant.

Fait lu et relu et passé en la chambre ou est alité led. sieur testateur, en présence de Nicolas Le Comte, recteur d'Ecolle audit Ouge, et Claude Gautier fils de Charles Gautier, en son vivant laboureur audit Ouge, témoins requis et sousignés avec led. sieur testateur.

La minute est signée : P. Jacquemin, Le Comte, C. Gauthier et Gautherot, notaire.

Controllé à Rouvre le vingt six septembre 1719, receu douze livres. Signé Gautherot.

Insinué et enregistré ce jourdhuy vingt six septembre milsept cent dix neuf à la réquisition de Mᵉ Claude Gauthier, advocat au parlement, exécietsruteutameniaire, lequel a déclaré qu'il ne reste dans la succession du sieur testateur au proffit de son héritier universel aucuns fonds en propriété parce que ledit sieur testateur en a disposé au proffit des légataires, et qu'ainsy il ne reste aud. héritier universel que des biens mobiliers qui sont actuellement sous le scellé lesquels il estime autant qu'il en peut avoir la cognoissance pouvoir monter à la somme de deux à trois mil livres tout au plus; sans néantmoins que cette déclaration et estimation puisse être tirée à conséquence contre luy ; luy nuire ny préjudicier au cas que lesd. biens mobiliers ne se trouveroient monter à ad. somme, pour l'insinuation de quoy il a payé la somme de dix livres.

Plus pour le legs et don fait à la fabrique de l'Eglise Douge d'un bâtiment estimé trois cent livres.

Pour le don et legs fait aux sieurs curés Douge du reste du bâtiment estimé deux cent livres la somme de deux livres.

Pour le legs fait à Catherine Penet de la somme de cent livres celle de trois livres.

Pour le legs de quelques livres fait à M⁹ Jacques Pillet,
curé de Bretenière, estimé vingt cinq livres, la somme de
une livre.

Et pour le leg et don fait aud. sieur Gautier de bâtiment et
enclos estimés cinq cent livres la somme de cinq livres, sous
touttes réserves et protestations faittes par moy soussigné
commis au bureau des insinuations aud. Rouvre. Et s'est
led. sieur Gauthier sousigné.

Cy en tout vingt quatre livres.

Fait à Rouvre les ans et jour susdit.

Signé Gautier et Gautherot soussigné commis.

Et en outre les quatre sols pour livre de ladite somme de
vingt quatre livres.

Signé Gautherot...

(Arch. particulières de la famille Gautier de Breuvant, à Ouges).

VII

A propos des familles qui ont porté le nom d'Ouges.

(V. iiiᵉ partie, chap. ii § 1ᵉʳ)

La famille à laquelle appartenait Jean d'Ouges, conseiller
procureur du roi au bailliage de Bar-sur-Seine en 1615 ne
doit pas tirer son nom de notre village bourguignon. Si l'on
pouvait établir qu'elle sortait de la paroisse d'Ouges (Haute-
Saône) on devrait la considérer comme franc-comtoise.
Mais nous la croyons plutôt champenoise.

Edme d'Ouges, on a écrit dans la suite Douge, en un seul
mot, et Jean Lausserois furent élus de Bar-sur-Seine (entre
1576-1580) (1). Ni Jean, ni Edme d'Ouges ne sont cités dans
l'*Histoire de la ville et de l'ancien comté de Bar-sur-Seine*,
par Lucien Coutant (1854).

Nous trouvons un sieur Jean d'Ouges qui était curé de
Ranconnières (diocèse de Langres) en 1366 et un Edme
Douges, gradué, prieur de Bar-sur-Seine en 1562 et en même
temps prieur de Viviers (*Le Diocèse de Langres*, par l'abbé

1 Arch. de la Côte-d'Or, B. 3097. — Inventaire, t 1ᵉʳ, p. 358.

Roussel, tome III, p. 226). — Plus tard on rencontre Nicolas Douges, curé d'Essoyes (arrondissement de Bar-sur-Seine), de 1667 à 1694 (Id. Id. p. 249) et Claude Nicolas Douge, né à Giey-sur-Seine (Aube), prêtre en 1789, vicaire de son pays natal de 1789 à 1792, fidèle et déporté.

On voit que tous ces ecclésiastiques qui portent le nom d'Ouges apartiennent à la province de Champagne. Nous pensons donc que tous ceux qui ont exercé des charges à Bar-sur-Seine ne sont pas originaires de notre village.

ERRATA

———

Page 2, ligne 14, au lieu de entrenir lire entretenir.
— 8, dernière ligne, au lieu de labourenr on lira laboureur.
— 26, ligne 18, après 653 mettre note (3) et non pas note (1).
— 32, ligne 8, après la date 1641 placer l'appel de note (1).
— 38, à la deuxième note mettre au commencement un appel (2) au lieu de (1).
— 59, ligne 17, ajouter entre parenthèses que le curé Rollet fut desservant de Mitreuil de 1709 à 1720.

Nous avons donné au curé Sage tantôt le prénom de François (v. p. 50), tantôt, et le plus souvent, celui d'Antoine. A la vérité il portait les deux noms. (V. p. 63.)

— 59, ligne 29, Saget s'appelait de son véritable nom Damase. Les actes de 1790 le citent souvent : « Pierre François Damase *dit Saget*, religieux capucin de la communauté de Dijon... » ('). En 1790 il desservit Daix pendant 15 mois. (V. sur ce personnage *Les Etudes franciscaines dans le département de la Côte-d'Or*, par le P. Apollinaire de Valence, capucin, dans le *Bull. d'hist. et d'arch. religieuse du diocèse de Dijon*, Nov.-Déc. 1897, Janvier-Fév., Mai-Juin, Sept.-Oct. 1898 et notamment p 24-25 de la livr. de Janv.-Févr.

— 60, ligne 24, au lieu de : qu'on lui laisse le four, c'est : qu'on lui laisse *chauffer* le four.
— 68, dernière ligne on a imprimé daprès au lieu de d'après.
— 69, note 3 au commencement de la dernière ligne il faut mettre son église abbatiale.
— 72, ligne 7, au lieu de dénoncés lire énoncés.
— 84, ligne 4, on devra lire tête tranchée et non pas têtetr anchée de même que à être (même ligne) ne doit pas former un seul mot àêtre.
— 85, à la suite du premier alinéa ajouter ceci : au sujet de la mortalité du bétail on lit dans l'*Inventaire sommaire des archives*

('). Arch. dép. K², reg. du dist. de Dijon, n° 2.

municipales de Dijon (Série B, administration de la commune,
p. 215) : « quantité de bêtes à cornes périssant d'une maladie contagieuse aux environs de Dijon, il est enjoint aux
tanneurs et corroyeurs de ne point faire tremper les cuirs
dans la rivière d'Ouche où boivent les bestiaux des faubourgs,
avant qu'ils n'aient été huit jours dans les plains avec de la
chaux, sous peine de confiscation des cuirs et d'une amende
de 300 livres » (B. 378).

Page 105, ligne 3. C'est Goillot qu'il faut lire et non Goilliot.

— 127-128. L'indication de la source de la note 2 qui porte sur les
pages 127-128 est incomplète, il faut mettre : Arch. de la
Côte-d'Or, K², reg. 10).

— 132, note 2, le *crochet* [doit se trouver avant *Annuaire départemental*
et non pas avant subdivision, comme il a été placé.

— 136. Pièce IV, acte de décès de Pierrette Renaudot, 3ᵉ ligne, à la fin
on devra lire et a *été* inhumé, etc...

— 141, note 1. Le mot *âgé* a été oublié, lire : mourut à Ouges, le 24
mars 1710, *âgé* de 49 ans.

Les signatures des feuilles de l'ouvrage ont été ou omises ou mal indi-
quées ; il convient donc de signaler à la fin de cet errata qu'au bas de la
page 1 doit se trouver la signature 1 ; à la page 65, c'est la signature 5 et
non 6 ; à la page 81, 6 au lieu de 7 ; à la page 97, 7 au lieu de 8 ; à la
page 113 on a oublié la signature 8.

TABLE ALPHABÉTIQUE

DES NOMS DE PERSONNES

ET DE LIEUX CITÉS DANS L'OUVRAGE

———

Gautier (Jean-Baptiste-Bernard), p. 126.
— (Jean-Baptiste), p. 126.
— (Henri), p. 121, 126, 127.
— (Pierre), p. 64, 114, 115, 125, 126, 127.
Gay (Etienne), p. 15.
Generoye, p. 93.
Genlis, p. 2, 96.
Gérard de Saint-Etienne, p. 24.
Gevrey, p. 2, 41.
Giey-sur-Seine, p. 144.
Gillot, p. 46.
Gillot (Bernard), p. 51, 97.
— (Nicolas), p. 12, 14, 15, 98, 105.
Gilly, p. 56.
Girard, p. 83.
Goillot, p. 46, 96.
Goillot (Etienne), p. 97.
— (Jean), p. 12, 54, 97, 105.
Gordien, p. 134.
Goureau, p. 107.
Grancey (Aanor ou Eléonore de), p. 67.
Grand-Fin (La), p. 9.
Grandmont (Jean de), p. 82, 83, 84.
Grangier (Daniel), p. 114.
Grantson (Jacquot de), p. 137.
Gravier (Le), p. 8.
Gravillier, p. 127.
Grenot (Denis), p. 12.
Grindot (Guillaume le), p. 96.
Grosdidier (curé de Fenay), p. 136.
Guiard (François), p 53.
Guichardot (André), p. 83, 91.
— (Marie), p. 82, 83.
Guillon, p. 132.
Guillot (Meix), p. 114, 122, 123, 124.
Guiot-Billon, p. 73.
Gunnepin (Marie), p. 39, 137.
Gupillot (Anne-Marie), p. 126.
Guy (d'Arc-sur-Tille), p. 70.
Guy le Fourneret, p. 58.

H

Haudnet (Jean), p. 85, 86.
Henri III, p. 94.
Hermille, p. 57, 59.

Hodierne, p. 21.
Hugues II, p. 21, 23, 39.
Hugues d'Arceaux, p 22.
Hugues de Saint-Bénigne, p. 23.
Humberlot (Borel), p. 95.

I

Innocent IV, p. 23.
Izier, p. 103.

J

Jacotot, p. 127.
Jacquelin (Berthel), p. 95.
— (Humbert), p. 95.
Jacquemin (Adrien), p. 141.
— (Pierre), p. 14, 15, 31, 42, 43, 44, 59, 60, 62, 98, 119, 137, 138, 139, 140, 142.
Jacquinot (Claude), p. 36.
— (Jean), p. 6, 36.
— (la rente), p. 6, 7.
Janusse (meix), p. 123, 124.
Jean (comte de Nevers), p. 93.
Jean sans Peur, p. 137.
Jeannin, p. 51.
Jérusalem, p. 22, 133.
Joinville (Guillaume de), p. 22.
Joly (Anatoire), p. 112.
— (Bénigne), p. 102.
— (Bernard), p. 116.
— (Edme), p. 111.
— (F.), p. 51.
— (Pierre), p. 91, 97, 116.
— de Bevy (Charlotte), p. 125.
Judas (Jean), p. 95.
Juigné (de), p. 117.

L

Lallemand (Jean), p. 58.
Laligant (Louis-Alexandre), p. 119.
Lamarche(Eudes,seigneur de),p.67.
Lambert, p. 85, 86.
Lambin (Emile), p. 29.
Lanaud, p. 2.
Langres, p. 22, 23, 59, 143.
Larcher, p. 15.
— (Nicolas), p. 35.
Laur (Pierre de), p. 58.
Lausserois (Jean), p. 94, 143.

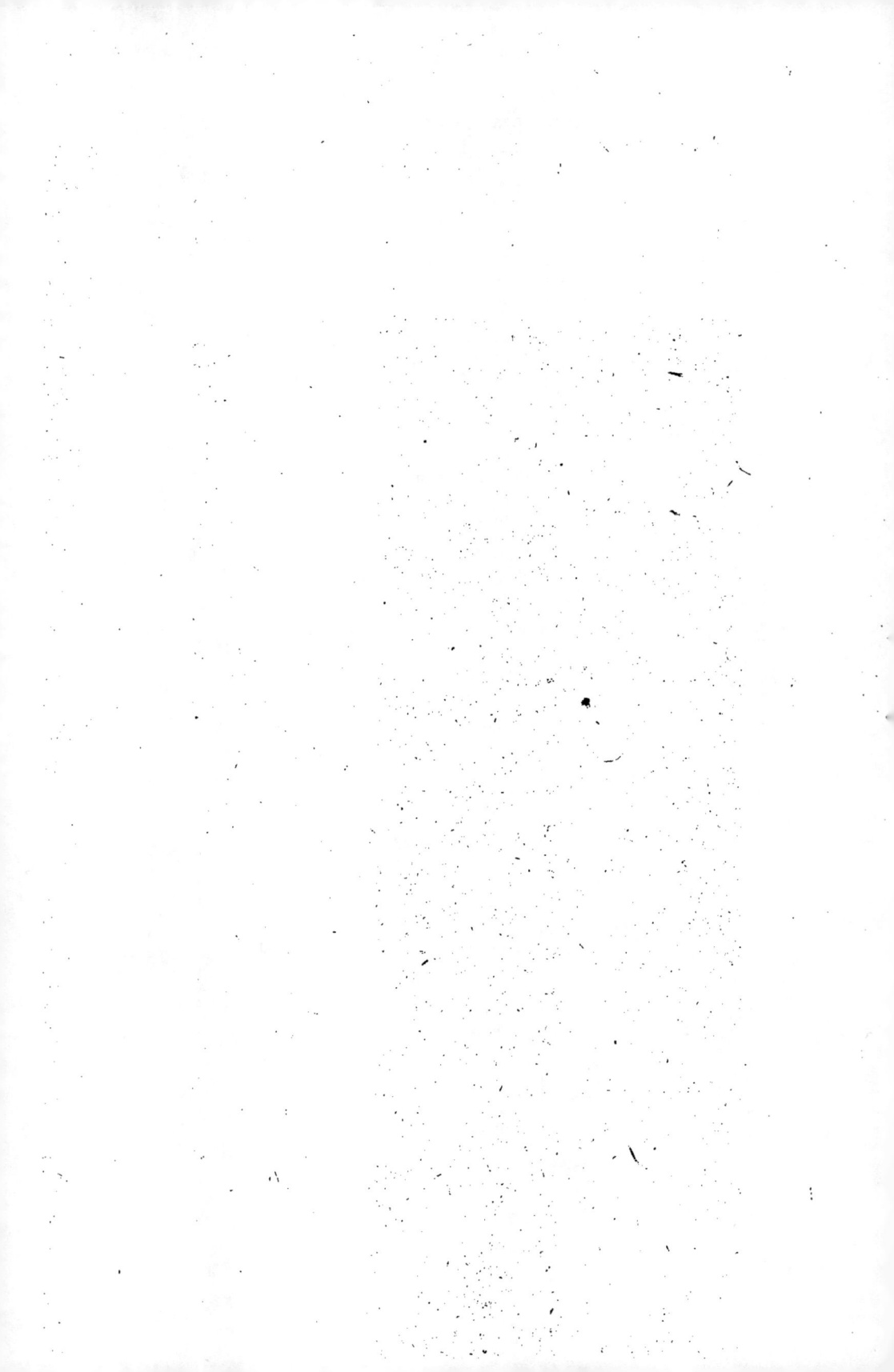

TABLE DES MATIÈRES

___

DEUXIÈME PARTIE

TROISIÈME PARTIE

CHAPITRE II

LES FAMILLES ET LES FORAINS D'OUGES   de 92 à 116

CHAPITRE III

LA RÉVOLUTION A OUGES. — LE CHATEAU DE LA FAMILLE
DE BREUVANT   de 116 à 130

NOTES, DOCUMENTS ET PIÈCES JUSTIFICATIVES
COMPLÉMENTAIRES   de 131 à 144

(Vue de Chenôve à vol d'oiseau)

HISTOIRE

DE

CHENOVE

(PRÈS DIJON)

Composée d'après des notes et des documents inédits,
et suivie de pièces justificatives.

PAR

HENRI MARC

Associé résidant de la Commission des Antiquités de la Côte-d'Or,
Correspondant de la Société Eduenne.

Un beau volume grand in-8° de
XVI-352 pages, imprimé avec luxe,
en caractères elzéviriens, couverture
en rouge et noir. Ouvrage orné de six
planches hors texte, d'une gravure
dans le texte, d'un plan et d'un fron-
tispice spécialement dessiné pour ce
livre.

*Ce travail a été récompensé d'une
médaille de vermeil par l'Académie
des Sciences, Arts et Belles-Lettres
de Dijon.*

PRIX : **10** FRANCS

On peut se procurer ce volume, dont il ne reste plus en vente
que quelques exemplaires, à l'IMPRIMERIE DARANTIERE, 65, rue
Chabot-Charny, DIJON.

L'HISTOIRE DE CHENOVE

..... M. Henri Marc, un de nos jeunes compatriotes, qui n'est pas un inconnu pour nos bibliophiles bourguignons, vient de publier un très instructif volume sur le village de Chenôve.

Cet ouvrage est le fruit de longues et patientes recherches ; aussi les documents les plus intéressants, les renseignements de toutes espèces y abondent-ils.

..... Un style courant, facile, un exposé clair et précis des faits, basés sur des pièces irréfutables, voilà la manière de faire du jeune auteur. Aussi M. H. Marc a-t-il ainsi évité cet écueil de presque tous les historiens locaux, la monotonie qui engendre forcément l'ennui.

Son volume, quoique sérieux, est donc lu avec intérêt jusqu'au bout, même par les personnes que l'histoire ne préoccupe pas.

A côté des faits historiques, il y a une quantité d'anecdoctes qui jettent une note gaie et donnent un attrait de plus à la lecture.

Tout a été examiné avec le plus grand soin ; depuis les origines de ce village jusqu'à nos jours, on peut dire que rien n'a été omis, ce qui, entre temps, n'empêche pas l'auteur de nous donner de nombreux renseignements — presque une monographie complète — sur un village aujourd'hui disparu *Saint-Jacques-des-Vignes*, qui se trouvait entre Chenôve et Dijon............

Nous ne pouvons donc que conseiller la lecture de ce volume. Elle sera profitable à tous. Rien n'aide plus à résoudre les questions de l'avenir que regarder les solutions du passé.

Ajoutons, pour terminer, que l'impression ne laisse rien à désirer, et que de plus l'auteur a fait joindre au texte de fort belles gravures, ce qui ajoute un charme de plus à l'ouvrage qui a certainement sa place marquée, non seulement dans les bibliothèques de nos bibliophiles, mais aussi dans celles de tous ceux que l'histoire de notre beau pays intéresse. Et ils sont nombreux, nous aimons à le croire.   L. TALMER.

Le *Progrès de la Côte-d'Or*, 25ᵉ année, n° 105, du samedi 15 avril 1893.

Après avoir publié son *Essai historique sur le prieuré de Bonvaux*, le laborieux auteur a mis en librairie l'importante *Histoire de Chenôve*, illustrée de gravures.

Les recherches de M. Marc ont été persévérantes, et les lecteurs comprendront ce qu'il a fallu compulser de livres, déchiffrer de manuscrits pour recueillir tant de documents épars. Chose plus difficile encore : il a fallu les contrôler, assigner à chacun sa place, en composer un tout homogène, puis y mettre cet élément vital qui naît d'un grand respect et d'un amour pour ce pays.

M. Henri Marc aime Chenôve : on le sent.

Cette histoire nous fait remonter au moyen âge pour nous conduire pas à pas jusqu'au siècle présent.

(*Bulletin d'Histoire et d'Archéologie religieuse du diocèse de Dijon*, 11ᵉ année, 2ᵉ liv., mars-avril 1893, p. 56.)

... L'*Histoire de Chenôve* témoigne de recherches nombreuses et bien dirigées dans les dépôts publics. Le sujet, sans doute, peut paraître d'un intérêt historique assez médiocre, Chenôve, en effet, n'a été mêlé à aucun événement politique ou militaire, et comme la plupart de celles de l'ancienne Bourgogne, c'est une commune sans histoire, mais aujourd'hui on aime précisément à connaître les faits de la vie tout unie de nos pères, ces conditions moyennes de l'existence d'une communauté d'habitants, qui sont le fond permanent sur lequel se détachent, quand il y en a, les épisodes brillants ou dramatiques. Heureuses, pourrait-on dire en adoptant un mot célèbre, les communes qui n'ont pas eu d'histoire....

L'auteur est fort sobre d'appréciations personnelles et laisse volontiers parler les documents et les faits ; il s'interdit les généralisations faciles et à propos des incidents minuscules de la vie paroissiale et communale à travers les âges, ne se lance pas dans des dissertations oratoires hors de proportion avec le cadre modeste choisi par lui ; nous l'en louons hautement, dans une pareille œuvre de monographie, il faut supposer connus les faits généraux, et comprendre que, dans un livre d'histoire, celle-ci doit parler plutôt que l'auteur.

En résumé, M. Marc a fait un livre fort honorable qui se lit avec plaisir et profit ; si l'histoire générale en doit tirer peu de chose, l'histoire régionale pour laquelle il n'est point de petit sujet accueillera toujours avec faveur de telles œuvres sincères et patientes............   Henri CHABEUF.

(Extrait du Rapport sur le concours littéraire de 1893. *Mémoires de l'Académie de Dijon*, 4ᵉ série, t. IV, année 1894, p. 131-132.)

M. Henri Marc, pour nous présenter un tableau fidèle de ce que fut Chenôve autrefois, a exploré avec beaucoup de soin les archives de la Côte-d'Or. Aussi, a-t-il pu écrire sur cette localité un volume de 350 pages, sans se perdre dans les généralités. Cet ouvrage se divise en trois parties. Dans la première, l'auteur, après avoir fait connaître la situation de Chenôve, la région dans laquelle il est situé, aborde l'histoire proprement dite. Les médailles trouvées en ce lieu prouvent que, du temps des Romains, c'était déjà un centre de quelque importance. Pendant le moyen âge, Chenôve fut divisé entre le chapitre d'Autun, qui avait le clocher et la rue Haute, l'abbé de Saint-Bénigne de Dijon, à qui appartenait la rue Basse, et enfin le duc de Bourgogne qui possédait son clos. Les pressoirs du Roi, qui subsistent encore, furent construits par les ducs de Bourgogne. Après 1477, les droits du duc passèrent au roi de France. La deuxième partie est consacrée à l'église et aux curés de Chenôve ; elle ne manque pas d'intérêt..... L'ouvrage enfin se termine par quatre chapitres qui font connaître ce que devint ce village pendant la période révolutionnaire, les usages qui y étaient établis autrefois, surtout à propos des vendanges, et les principales familles qui habitèrent cette localité. 130 pièces justificatives et une petite bibliographie terminent cette monographie, qui a été justement récompensée d'une médaille de vermeil par l'Académie des sciences, arts et belles-lettres de Dijon.   Jules VIARD.

(*Le Polybiblion* [Revue bibliographique universelle], Partie littéraire, 2ᵉ série, t. XXXIX, 4ᵉ livraison, avril 1894, p. 316.

Histoire de Chenôve, près Dijon. — Tel est le titre d'un volume de plus de 300 pages grand format que vient de publier M. Henri Marc, un jeune auteur qui s'est déjà fait remarquer par de nombreux ouvrages historiques.

Avec ce volume nous sommes loin des monographies de quelques pages que l'on publie habituellement sur des villages, en somme bien plus importants que Chenôve. C'est une véritable histoire, et une histoire complète, détaillée, où aucun détail n'a été négligé.

Depuis la fondation du village jusqu'à nos jours, tout a été examiné scrupuleusement, et aucun fait n'est avancé sans être appuyé sur des documents irréfutables, puisés aux sources les plus autorisées.

M. Marc nous fait connaître Chenôve, village romain, puis il passe aux seigneurs de Chenôve, parmi lesquels figurent les ducs de Bourgogne et le roi de France, ce qui, à cette époque, donna une certaine importance au village.

Dans la deuxième partie, l'auteur étudie Chenôve moderne, tant au point de vue historique qu'archéologique. Dans cette partie de l'ouvrage les chercheurs trouveront une foule de renseignements très curieux et des plus intéressants.

Enfin en dernier lieu, on nous présente Chenôve, spécialement pendant la Révolution.

Par ce résumé des plus succincts, on voit que l'ouvrage est des plus documentés et appelé à prendre place dans les bibliothèques de tous nos bibliophiles bourguignons, d'autant plus que le volume ne laisse rien à désirer au point de vue de l'impression (M. Darantiere y a mis son cachet), et que plusieurs gravures hors texte y ajoutent un charme de plus.   LL.

Le Courrier du Jura, 31ᵉ année, n° 51, jeudi 16 mai 1895.

Depuis quelques années on a travaillé dur en Bourgogne sur l'histoire locale, et nombreuses sont à l'heure actuelle les études sur ce sujet. Il faut dire que de toutes parts les piocheurs qui abondent ne boudent pas devant la besogne. Aussi, grâce à eux, de savantes monographies ont paru, s'ajoutant aux histoires générales de notre vieille province.

Parmi ces monographies, il en est une qui peut certainement compter parmi les meilleures et servir de modèle pour celles qui viendront plus tard. C'est l'*Histoire de Chenôve* de M. Henri Marc, un jeune et érudit écrivain bourguignon, à qui l'on doit déjà plusieurs travaux sur le passé de notre pays.

Parlons un peu de son intéressant travail qui forme un volume de 352 pages et contient un plan et plusieurs gravures hors texte.

L'ouvrage de M. H. Marc est divisé en trois parties. Il commence par une introduction dans laquelle il en explique le plan général. Dans la première partie on trouve de nombreux détails sur la géographie et la topographie de ce village, les mœurs de ses habitants, ainsi que les découvertes archéologiques qui ont été faites sur son territoire. L'époque féodale, sa justice, ses droits, est savamment étudiée par l'auteur. Puis un chapitre est consacré à *Chenôve sous les Ducs de Bourgogne* et on y voit la liste des châtelains ou gouverneurs des vignes des ducs...........

Un long chapitre est consacré à la population de Chenôve à différentes époques, aux rôles des impositions et se termine par une situation du pays et des habitants sous les troubles de la Fronde.

Puis vient la deuxième partie qui a rapport au *Chenôve moderne, historique et archéologique.*

M. H. Marc donne une histoire complète de l'église de ce village, des curés qui l'ont desservie, avec de nombreux renseignements sur chacun d'eux. Les croix élevées sur la paroisse n'ont pas été passées sous silence. Puis l'auteur parle en détail de la maison seigneuriale de Chenôve.

Dans la troisième partie, il est question de *ce village, du XVIIe siècle à nos jours.* Cette partie est aussi attachante comme intérêt que les deux premières. Citons rapidement les titres de quelques chapitres : *Chenôve pendant la Révolution. Les biens nationaux. L'Eglise pendant les troubles de 1792-1793. Les fêtes de la Révolution. Les usages du village. Le ban des vendanges, etc., etc.*

Nombreux sont aussi les documents sur les anciennes familles de Chenôve, les personnages marquants, parmi lesquels nous voyons un peintre bourguignon distingué, Jean-Jean Cornu, paysagiste de talent, dont plusieurs toiles sont au musée de Dijon............

Nous le répétons, ce travail est une des meilleures monographies qu'il nous a été donné de lire, et s'il nous était permis de formuler un vœu, ce serait celui de voir M. Henri Marc ne point en rester là et nous donner l'histoire d'un autre village bourguignon. Il aurait bien mérité de la Bourgogne et de ceux qui s'intéressent à son glorieux passé !   X.

Le *Journal de Beaune*, 41e année, n° 105, du mardi 27 août 1895.

Armes du chapitre d'Autun.